LA EVALUACIÓN DE IMPACTO AMBIENTAL EN LAS ACTIVIDADES EXTRACTIVAS

Publicacions de la Universitat Rovira i Virgili
Av. Catalunya, 35 - 43002 Tarragona
Tel. 977 558 474 · publicacions@urv.cat
www.publicacions.urv.cat

1ª. edición: noviembre de 2024
ISBN (papel): 978-84-1365-182-8
ISBN (PDF): 978-84-1365-183-5

DOI: 10.17345/9788413651828
Depósito legal: T 1041-2024

 Cita el libro.

 Consulta el libro en nuestra web.

Publicacions de la Universitat Rovira i Virgili es miembro de la Unión de Editoriales Universitarias Españolas y de la Xarxa Vives, lo que garantiza la difusión y comercialización de sus publicaciones a nivel nacional e internacional.

LA EVALUACIÓN DE IMPACTO AMBIENTAL EN LAS ACTIVIDADES EXTRACTIVAS

Cristina Salueña Laguna

Tarragona, 2024

Contenidos

Agradecimientos

Esta publicación es fruto del trabajo de final del Máster Oficial en Derecho Ambiental de la Universitat Rovira i Virgili, defendido en el año 2022 y tutorizado por la doctora Lucía Casado Casado.

Es a ella a quien querría agradecer, de manera especial y sincera, no solo su rigurosa labor como tutora en el seguimiento y corrección de este texto, sino, sobre todo, su empatía y confianza depositadas en mí y en el hecho de que el presente trabajo podría llevarse a cabo.

Agradezco también el apoyo del Plan de Doctorados Industriales de la Secretaría de Universidades e Investigación del Departamento de Empresa y Conocimiento de la Generalitat de Catalunya, sin el cual esta publicación no hubiera sido posible.

Por último, quiero dar las gracias a Dani por su paciencia infinita y su respaldo siempre que lo he necesitado y, por supuesto, a mis hijos, Lucas, Lena y Max, que son la motivación y la razón de ser de todo cuanto hago. Especialmente a ellos tres va dedicado este trabajo.

Abreviaturas

AAI: autorización ambiental integrada

Apdo.: apartado

Art.: artículo

CA: considerando

Cap.: capítulo

C. A.: comunidad autónoma

CC. AA.: comunidades autónomas

CE: Constitución española

CEDH: Convenio Europeo de Derechos Humanos

CMNUCC: Convención Marco de Naciones Unidas sobre el Cambio Climático

COP: Conferencia de las Partes

DIA: declaración de impacto ambiental

DLEIA: Real Decreto Legislativo 1302/1986, de 28 de junio, de evaluación de impacto ambiental

EA: estatuto de autonomía

EAE: evaluación ambiental estratégica

EIA: evaluación de impacto ambiental

EsIA: estudio de impacto ambiental

FJ: fundamento jurídico

I. e.: *id est*

LBRL: Ley 7/1985, de 2 de abril, Reguladora de las Bases del Régimen Local

LEA: Ley 21/2013, de 9 de diciembre, de evaluación ambiental

LOMG: Ley 3/2008, de 23 de mayo, de ordenación de la minería de Galicia

LPNB: Ley 42/2007, de 13 de diciembre, del Patrimonio Natural y de la Biodiversidad

LRM: Ley 26/2007, de 23 de octubre, de Responsabilidad Medioambiental
ONU: Organización de las Naciones Unidas
PIB: producto interior bruto
RAE: Real Academia Española
RGRM: Real Decreto 2857/1978, de 25 de agosto, por el que se aprueba el Reglamento General para el Régimen de la Minería
Ss.: siguientes
STC: sentencia del Tribunal Constitucional
STS: sentencia del Tribunal Supremo
TC: Tribunal Constitucional
TCE: Tratado de la Comunidad Europea
TFUE: Tratado de Funcionamiento de la Unión Europea
TJUE: Tribunal de Justicia de la Unión Europea
TSJ: Tribunal Superior de Justicia
TS: Tribunal Supremo
TUE: Tratado de la Unión Europea
UE: Unión Europea

Introducción

Es difícil imaginar la historia de la humanidad sin la presencia de minerales. Aunque hoy ya es sabido que la abundancia de recursos naturales de un Estado no garantiza su desarrollo económico, su mera existencia ofrece esperanza y amplias posibilidades de prosperidad económica y modernización de las zonas que los poseen. El modelo extractivo representado por el viejo mito del Dorado como sinónimo de bienestar ha existido en el imaginario colectivo desde la época de la conquista de América hasta tiempos recientes, de forma que a nadie le extraña escuchar, todavía hoy, expresiones vinculadas al vocabulario minero como sinónimo de bonanza («vale un potosí», «es una mina» o «es un filón»). Sin embargo, esa generación de riqueza es finita y tiene resultados perjudiciales sobre el medio. El modelo capitalista de producción a gran escala, que se ha servido de las actividades extractivas para poder satisfacer la ingente demanda de bienes y servicios de la sociedad industrial contemporánea, ha comportado una destrucción del entorno sin precedentes y es precisamente en este contexto de desavenencias entre minería y medio ambiente donde se sitúa el punto de partida de esta investigación.

Este trabajo tiene por objeto aproximar al lector al régimen jurídico de la evaluación de impacto ambiental de las actividades mineras. Con esta finalidad, el estudio se estructura en tres capítulos. El primero de ellos trata acerca del concepto general de minería, las tensiones entre esta actividad y el medio ambiente, y la protección del entorno en la Constitución española y en la normativa minera actual, y aporta unas reflexiones acerca de la compatibilidad de la actividad extractiva y la cuestión ambiental. Luego, en el segundo capítulo se analiza en profundidad el marco jurídico de la minería en España, abordando tanto los antecedentes históricos como la normativa vigente, haciendo énfasis en la legislación autonómica, especialmente la catalana. Finalmente, en el tercer capítulo se analiza la evaluación de impacto ambiental, tanto su marco regulatorio como las características del procedimiento como instrumento protector de los valores ambientales frente a las actividades extractivas, junto con otras herramientas, teniendo en cuenta sobre todo el acervo jurídico-ambiental europeo. En nuestro análisis hacemos hincapié en la omisión que se hace a la cuestión ambiental en la actual regulación estatal de minas, *id est*, la preconstitucional Ley de Minas de 1973, desfasada desde un punto de vista organizativo e inadecuada a los procedimientos de evaluación de impacto ambiental objeto de estudio.

1. Constitución, minería y medio ambiente

1.1 Aproximación general a la minería

Minerales y sociedad son dos conceptos que han estado estrechamente vinculados desde los tiempos más remotos de la humanidad. Los primeros indicios de actividad minera se remontan a la prehistoria,[1] cuando el ser humano primitivo fabricaba objetos punzantes, tales como hachas y cuchillos, con materiales que extraía de las rocas y que le servían de armas y utensilios de trabajo. Tal fue la influencia de los metales en dicho periodo que, en el estudio clásico de los albores de la historia, las edades de los metales se han dividido cronológicamente según haya sido el conocimiento y el uso del metal en la fabricación de herramientas en cada una de ellas: Cobre, Bronce y Hierro. De hecho, en los textos que se dedican a la historia de los materiales, encontramos que se mantiene esta división en edades hasta la actualidad y que, de acuerdo con lo que añaden algunos autores, desde hace algunas décadas habríamos entrado en una nueva edad: la del silicio o de los materiales electrónicos.[2]

La explotación de los minerales ha evolucionado desde la prehistoria hasta los tiempos presentes, tanto respecto a los materiales como a las técnicas extractivas, y su importancia no ha hecho más que ir en aumento, siendo hoy en día una de las industrias más relevantes a nivel mundial. Una de las razones de dicho progreso es que los avances tecnológicos han facilitado obtener rendimientos de lo que antes se consi-

---

1   Según afirman Montero, I., y Murillo-Barroso, M., el primer uso de metal nativo se produce en el Próximo Oriente (Turquía, Transcaucasia e Irán), región que desde el ix al vi milenio a. n. e. cuenta con numerosos hallazgos de elementos de cobre trabajados en una fase que se denomina premetalúrgica, pero que constituye la base tecnológica para el trabajo del metal. *Vid.* «Los inicios de la metalurgia y el valor social del metal», *Revista de Prehistoria de Andalucía*, núm. 7, 2016, p. 16.

2   Hummel, R.E., *Understanding Materials Science*, Springer-Verlag, N.Y., 1998, p. 173.

deraba desecho y conseguir resultados cada vez mejores en cuanto a la calidad de los productos intermedios y finales.[3]

El hecho de que los minerales constituyan la base de la mayoría de las industrias, desde las de ámbito energético hasta las del sector de la construcción y el tecnológico, ha generado que nuestra sociedad sea altamente dependiente de los recursos minerales como materias primas, especialmente en economías en desarrollo y de transición. Por poner un ejemplo de ello, en el año 2020 la minería significó, solo de forma directa, el 0,3 % del producto interior bruto mundial.[4] Señala Herrera Herbert al respecto que «si se compara el PIB per cápita como indicador del bienestar o crecimiento económico, con el consumo de minerales también per cápita, se aprecia que existe una correlación positiva entre ambas variables».[5] Para constatar hasta qué punto los metales están ligados al progreso de nuestra sociedad, basta con echar un vistazo a nuestro alrededor para comprobar que el hierro, el cobre, el zinc, la plata, el cromo, el cobalto, el litio, el platino, el titanio o el tungsteno, algunos de los metales más importantes en la producción capitalista contemporánea,[6] se hallan directa o de forma subyacente presentes en todas las esferas de nuestra vida cotidiana y resultan vitales para satisfacer nuestras necesidades básicas.

No se puede negar que, de un modo u otro, los minerales han contribuido a forjar la historia de la humanidad desde la antigüedad y han sido el motor de la prosperidad económica y la bonanza de civilizaciones, Estados e imperios. Aun cuando en ocasiones se ha estigmatizado a la industria minera por representar una actividad al servicio de intereses privados de enriquecimiento, y también se la ha acusado de ser la responsable de la distribución desigual de las riquezas de un territorio próspero en recursos naturales,[7] lo cierto es que desde una perspectiva económica más global hay que reconocer que ha servido a lo largo del tiempo al interés colectivo y nacional de muchos países, que han hecho de ella su locomotora de desarrollo. Afirmar esto no quiere decir que todo lo que reluce, en el ámbito de las actividades extractivas, sea oro. La industria minera, como otras tantas de origen antrópico, ha sido la protagonista de un gran número de conflictos bélicos a lo largo de la historia en los que se disputaba la

---

3   Folchi, M., «Los efectos ambientales del beneficio de minerales metálicos: un marco de análisis para la historia ambiental», *Varia Historia*, núm. 33, 2005, p. 34.

4   World Bank. Disponible en: <https://data.worldbank.org/indicator/NY.GDP.MINR.RT.ZS>, última consulta, 1 de agosto de 2023.

5   Herrera Herbert, J., *El abastecimiento de materias primas.* Vol. I: *Características y tendencias evolutivas*, Universidad Politécnica de Madrid, 2017, p. 12.

6   Vega, R., «Colombia y geopolítica hoy», *AGO.USB Medellín-Colombia*, v. 12, núm. 2, 2012, p. 368.

7   Wirth, E., «La maldición de los recursos naturales y los hidrocarburos: una revisión de literatura», *Papeles de Europa*, Universidad Complutense de Madrid, Facultad de Ciencias Económicas y Empresariales, Instituto Complutense de Estudios Internacionales, vol. 31, núm. 1, junio 2018, p. 19. El autor pone de manifiesto la tesis de «la maldición de los recursos naturales», surgida en los años noventa, según la cual la abundancia de recursos naturales genera una serie de distorsiones económicas y políticas que terminan por minar la contribución de las industrias extractivas al desarrollo del país.

propiedad o la explotación del yacimiento minero del lugar, y ha tenido y continuará teniendo consecuencias económicas, laborales, culturales y sociales tanto en los países o regiones en que se practica como a escala global, y, sobre todo, por cuanto aquí nos interesa, importantes impactos ambientales. De hecho, de acuerdo con un estudio del Banco Mundial, los países que obtienen una parte considerable de sus ingresos (PIB) de la exportación de productos primarios están en una situación mucho más dramática de riesgo de conflicto, especialmente durante periodos de recesión económica.[8]

Antes de profundizar en las tensiones existentes entre minería y protección del medio ambiente, consideramos oportuno explicar, para una mayor comprensión de este trabajo, qué vamos a entender por minería, puesto que se trata de un término relativamente ambiguo. La RAE la define únicamente como el arte «de laborear las minas», mientras que, desde un punto de vista jurídico tradicional, como señala SÁN-CHEZ GÓMEZ, «los autores no están de acuerdo en su contenido, pues se ha intentado cercar el concepto mediante una relación exhaustiva de los productos que son objeto de la actividad minera»,[9] de entre todo el conjunto de minerales metálicos, no metá-licos e hidrocarburos que han ido existiendo en diferentes etapas. Además, ninguna de dichas definiciones es perfectamente trasladable a otros ordenamientos jurídicos, y únicamente cabe entenderlas obedeciendo a un contexto histórico, territorial y político determinado.

Si acudimos a definiciones más actuales, veremos, de igual modo, que no son absolutas ni conducen a un consenso. Para PAREJO BUENO y PAREJO COLETO, la mine-ría es «la actividad industrial consistente en la extracción selectiva, mediante la aplica-ción de la técnica minera, de sustancias y minerales existentes en la corteza terrestre, de forma que sea económicamente rentable».[10] HERRERA HERBERT, en cambio, entiende la minería como «la actividad industrial que permite la extracción y obtención selec-tiva de aquellas sustancias minerales sólidas (minerales, combustibles y otras fuentes energéticas), líquidas (como el petróleo) o gaseosas (como el gas natural), existentes en la corteza terrestre para su transformación en materias primas y/o productos energé-ticos que permitan cubrir las necesidades de abastecimiento de materiales adecuados

---

8   COLLIER, P., «Economic Causes of Civil Conflict and Their Implications for Policy», *Economics of Crime and Violence Paper*, World Bank, Washington DC, 2000, p. 9.

9   SÁNCHEZ GÓMEZ, J. expone como ejemplo la definición de A. CARRANZA de la actividad minera a la que se atienen los hombres de su tiempo (siglos XVI y XVII): «I ansi es cierto que le provino este nombre al metal del verbo griego "metallo", que significa cavar, denominación clara i sólida i libre de la sophistería de la que inventaba Plinio, quando es propio del metal el estar debaxo de tierra i sacarlo de sus entrañas la industria humana [...]. De donde es, que atenta la naturaleza i justamente la etymología de la palabra metal, no solamente convenga este nombre a las piedras preciosas, oro, plata, cobre, hierro, estaño i azogue, sino también a otras varias cosas que se cavan i sacan de la tierra como el alumbre, bermellón i otros géneros que en nuestro común modo de hablar llamamos medios minerales». Vid. *De minería, metalurgia y comercio de metales*, Estudios Históricos y Geográficos, 1989, p. 14.

10   PAREJO BUENO, C. y PAREJO COLETO, J., «Minería metálica en el mundo. El caso particular de Extremadura», en *La agricultura y la ganadería extremeñas*, Caja Badajoz, 2012, p. 103.

para el desarrollo de las sociedades humanas».[11] Si acudimos a la definición que da el Ministerio para la Transición Ecológica y el Reto Demográfico, encontramos que este señala que «por minería se conoce la actividad industrial consistente en la extracción selectiva de rocas y minerales existentes en la corteza terrestre, de forma que sea económicamente rentable».[12] Con esto, podemos concluir que estas definiciones ponen énfasis en dos factores que parecen inherentes a la actividad minera, los cuales son la acción de extracción del mineral y la finalidad de enriquecimiento o comercialización de este a través del ulterior abastecimiento.[13]

Por otro lado, se hace necesario evidenciar que existen distintos tipos de minería, que se clasifican atendiendo a criterios como el método de extracción que utilizan, las características del mineral obtenido o la sección del mineral extraído.[14] Esta distinción no es baladí, pues algunos yacimientos producen un mayor impacto sobre el medio ambiente que otros en función de estos parámetros.

Ahora bien, lejos de considerar pormenorizadamente cada una de las clasificaciones, lo que podría ser objeto de otro estudio separado, nuestro enfoque va a centrarse en el impacto que sobre el medio ambiente tienen la explotación y el aprovechamiento de aquellos yacimientos minerales y recursos geológicos que son objeto de regulación de la Ley 22/1973, de 21 de julio, de Minas (en adelante, la Ley de Minas), la cual exceptúa expresamente los llamados compuestos orgánicos volátiles (COV), conocidos comúnmente como hidrocarburos, tanto en su forma líquida (petróleo) como gaseosa (gas natural), y, por lo tanto, de entre todas las categorizaciones vamos a obviar aquellas que distinguen el tipo de material y a detenernos brevemente en los diferentes tipos de minería según el método de extracción. Los principales son dos: a cielo abierto, también llamado de superficie (o a tajo abierto), y subterránea o de subsuelo. El primero sería aquel que se desarrolla en el exterior y es el que se identifica comúnmente con las canteras. Se practica en yacimientos superficiales, en las explotaciones de áridos, de piedra natural y de minerales industriales, así como en algunas

11 Herrera Herbert, J., *Introducción a la Minería. Vol. I: Conceptos, tecnologías y procesos*, Universidad Politécnica de Madrid, 2.ª ed., 2017, p. 1.

12 Ministerio para la Transición Ecológica y el Reto Demográfico. Secretaría de Estado de Energía. Disponible en: <https://energia.gob.es/mineria/Paginas/Index.aspx>, última consulta, 1 de agosto de 2023.

13 Autores como Folchi, M., «Los efectos ambientales…», *cit.*, p. 34, distinguen dos tipos de labores en la explotación minera: las de extracción, que corresponden a la minería propiamente como tal y se refieren a las operaciones de excavación (subterránea o superficial); y las labores de beneficio, que comprenden las operaciones posteriores a la excavación, destinada a separar el material «estéril» y obtener, con el mayor grado de pureza posible, el metal contenido en las rocas.

14 La Ley 22/1973, de 21 de julio, de Minas, clasifica los yacimientos minerales y recursos geológicos en secciones. A la Sección A pertenecen los de escaso valor económico y comercialización geográficamente restringida, así como aquellos cuyo aprovechamiento único es el de obtener fragmentos de tamaño y forma apropiados para su utilización directa en obras de infraestructura, construcción y otros usos que no exigen más operaciones que las de arranque, quebrantado y calibrado. La Sección B) incluye las aguas minerales, las termales, las estructuras subterráneas y los yacimientos. La Sección C) comprende yacimientos minerales y recursos geológicos que no estén incluidos en las anteriores y sean objeto de aprovechamiento. Y la Sección D) comprende los carbones, los minerales radiactivos, los recursos geotérmicos, las rocas bituminosas y cualesquiera otros que el Gobierno acuerde incluir.

minas de carbón y de minerales metálicos. La minería subterránea, en contraposición, tiene lugar en yacimientos que no pueden ser explotados en superficie, sino a través de la penetración de la roca hacia el subsuelo y de la creación de galerías y túneles. Sería el método utilizado en ciertos yacimientos de carbón y de minerales metálicos.

Si bien todo proyecto minero trae aparejadas potenciales consecuencias sociales para las comunidades que habitan cerca de los espacios donde se produce la extracción y en sus inmediaciones, desde un punto de vista estrictamente ambiental, las labores que originan una mayor alteración del medio natural son las relacionadas con la minería a cielo abierto, pues son las que dan lugar, por lo general, a la creación de grandes socavones, a la polución del aire, del suelo y de las aguas (tanto superficiales como de acuíferos subterráneos), a la transformación del paisaje y a la generación de cantidades ingentes de residuos, sin olvidar que con ellas se agrava la problemática del cambio climático, se elimina la vegetación en el área de operaciones y se producen cambios en las condiciones del hábitat de la fauna asociada al lugar.[15]

Y es que la minería de superficie implica excavar, por medios mecánicos o explosivos, los terrenos que recubren o rodean el yacimiento, haciéndose en ocasiones necesaria la aplicación de manera intensiva de sustancias químicas dañinas para el medio ambiente como el cianuro, el mercurio o el ácido sulfúrico. Ello explica, tal y como exponen Sánchez Salinas y Ortiz Hernández, que exista «consenso en la literatura especializada en el tema acerca de que ninguna actividad industrial es tan agresiva ambiental, social y culturalmente»[16] como la minería a cielo abierto.

Lamentablemente, y pese a lo anterior, esta modalidad de explotación está en auge y resulta muy atractiva para las empresas mineras debido a que en la mayoría de los casos es más rentable que la minería subterránea, pues esta última requiere de un empleo mayor de tecnología y se enfrenta al riesgo de derrumbes, incendios y fugas.

1.2 Intereses en conflicto entre minería y protección del medio ambiente

Como acabamos de ver en las páginas precedentes, las actividades de extracción y aprovechamiento de recursos minerales, propias de la minería a gran escala, están intrínsecamente unidas a distintos elementos de la naturaleza, por lo que resulta imposible imaginar la explotación de una mina sin la utilización de agua, la emisión de gases y polvo, la erosión y contaminación del suelo, y la alteración del terreno adyacente. Y es que la propia actividad se basa en la modificación permanente del medio en el que se lleva a cabo y en el manejo de recursos naturales no renovables. A mayor abundamien-

---

15 Sánchez Salinas, E. y Ortiz Hernández, L., «Escenarios ambientales y sociales de la minería a cielo abierto», *Inventio, la génesis de la cultura universitaria en Morelos*, núm. 20, 2014, p. 27.
16 Sánchez Salinas y Ortiz Hernández, «Escenarios ambientales…», *cit.*, p. 27.

to, la minería tradicionalmente se ha practicado sin tener en cuenta el carácter irreversible de muchas de estas alteraciones y haciendo un mal uso del espacio, con poca visión de futuro y, no en pocas ocasiones, al margen de la legalidad.

Por ello, como apunta CASADO CASADO, «la existencia de tensiones entre minería y protección del medio ambiente constituye una realidad incontestable y plenamente comprensible, ya que, en ocasiones, en un mismo lugar del territorio, confluyen los intereses de la protección del medio ambiente y los de las actividades extractivas».[17] Se encuentran en pugna, por un lado, los intereses de la minería como una industria fundamental para el progreso humano que proporciona a las economías contemporáneas las materias primas imprescindibles para su avance y bienestar; y, por otro, la conciencia social que rechaza la idea de desarrollar esta actividad en detrimento de los valores ambientales y que reclama, legítimamente, alcanzar una adecuada ponderación entre el aprovechamiento de los recursos minerales y la conservación de la naturaleza.

1.2.1 La protección del medio ambiente en la Ley de Minas de 1973 y en la Constitución española de 1978

Como luego analizaremos, y ahora avanzo, desde una aproximación histórica al estudio de las primeras exigencias ambientales en la normativa sectorial minera en España, hay que hacer mención obligada a la vigente Ley de Minas y al Real Decreto 2857/1978, de 25 de agosto, que la desarrolla, aprobados ambos tras la firma en Nueva York del Pacto Internacional de Derechos Económicos Sociales y Culturales[18] de las Naciones Unidas en 1966, al que sucedería la celebración en Estocolmo de la Conferencia de las Naciones Unidas sobre el Medio Humano de 1972, que convirtieron el medio ambiente en un tema de relevancia a escala planetaria.[19] Tanto es así que, además de la Ley de Minas, asistimos en España a una intensa actividad normativa que tenía presente la cuestión ambiental, fruto de la cual proliferaron normas de gran calado como las siguientes: Ley 38/1972, de 22 de diciembre, de protección del medio ambiente atmosférico; Ley 15/1975, de 2 de mayo, de espacios naturales protegidos; Ley 42/1975, de 19 de noviembre, sobre desechos y residuos sólidos urbanos; o Real Decreto 1346/1976, de 9 de abril, por el que se aprueba el texto refundido de la Ley sobre Régimen del Suelo y Ordenación Urbana.

---

17 CASADO CASADO, L., «Actividades extractivas y espacios naturales protegidos: la red Natura 2000», en MONTOYA MARTÍN, E. (dir.), *Minería extractiva, planificación territorial y urbanismo*, Tirant lo Blanch, 2020, p. 26.

18 El Pacto Internacional promueve los llamados derechos humanos de tercera generación, entre los que se encuentra el medio ambiente como un derecho inherente a la persona en aras del progreso social y de la elevación del nivel de vida de todos los pueblos. *Vid.* los artículos 12 y 25.

19 A partir de estos hitos, se sucedieron otros convenios internacionales, como la Convención sobre el Comercio Internacional de Especies Amenazadas de Fauna y Flora Silvestres (1973), conocida como CITES, o el Convenio de Ginebra de 1979 sobre contaminación atmosférica transfronteriza a gran distancia.

La Ley de Minas se sumó a esta nueva corriente jurídica internacional e, inspirada por la Cumbre de Estocolmo, supuso un primer intento sectorial por compatibilizar la extracción y el aprovechamiento de recursos minerales con el mantenimiento del medio natural. De este modo, la nueva legislación preconstitucional minera trató de regular aspectos de protección ambiental anteriores y posteriores al otorgamiento de la autorización o concesión minera,[20] y supuso que se adoptara por decreto el fijar las condiciones imperativas de protección del ambiente, lo cual se tradujo en la aprobación posterior del Real Decreto 2994/1982, de 15 de octubre, sobre restauración del espacio natural afectado por las actividades mineras.[21] Sin embargo, y a pesar de la voluntad del legislador por introducir disposiciones de carácter ambiental,[22] estas no resultaron eficaces ni concretas y tuvieron una escasa virtualidad en la práctica. De hecho, el texto de origen no contenía ninguna previsión sobre la posibilidad de limitar las actividades extractivas por razones ambientales.

Con todo, en opinión de Toribio Jiménez, dichas debilidades no merecían grandes reproches dado el contexto social y económico por el que atravesaba la industria minera en España, que fue acompañado de una gran crisis energética ocasionada por el aumento del precio de los productos petrolíferos.[23] Así, en los inicios de su aplicación, como destaca Casado Casado, «la protección del medio ambiente es más nominal que real y las tensiones entre minería y medio ambiente, cuando surgían y desembocaban en conflictos judiciales, en general, se resolvían con soluciones favorables a la explotación de la riqueza minera»,[24] tal y como lo demuestran la mayoría de los pronunciamientos del Tribunal Supremo de la época, en los que se daba preferencia a los aprovechamientos mineros frente a la protección del medio ambiente y la salud humana.

De esta suerte, sentencias como la del Tribunal Supremo de 21 de octubre de 1983[25] afirmaron que «respecto de la conservación del medio ambiente es por supuesto alegación insuficiente por sí sola para anular una concesión de explotación minera, puesto que la propia naturaleza de este tipo de trabajos necesariamente ha de implicar

---

20   *Vid.*, entre otros, los artículos 33.2, 66, 69.1, 74.1, 81 y 116 de la Ley de Minas, en su versión inicial.

21   Derogado por el Real Decreto 975/2009, de 12 de junio, sobre gestión de los residuos de las industrias extractivas y de protección y rehabilitación del espacio afectado por actividades mineras.

22   En opinión de Terrón Santos, D., «Comentarios a la Ley 22/1973, de 21 de julio, de Minas», *E-Derecho Administrativo*, núm. 6, 2002, «la regulación del texto legal realiza un esfuerzo serio para intentar de alguna manera regular el sector de la manera que resulte menos traumática para nuestro entorno, sin dejar, por ello, de respetar la regulación más clásica de la minería en España».

23   Toribio Jiménez, J., *Régimen jurídico de la restauración ambiental en las actividades mineras*, tesis doctoral, Universidad de Sevilla, 2015, p. 30.

24   Casado Casado, «Actividades…», *cit.*, pp. 35-36.

25   El Tribunal Supremo se pronuncia en una línea similar en la Sentencia de 29 de mayo de 1980 (RJ 1980\1879), al considerar que «en cuanto a la pérdida de la riqueza cinegética de la zona afectada, si bien no puede negarse que se produciría un desplazamiento de las especies de la zona concreta donde se desarrollasen los trabajos de investigación, no puede sostenerse con fundamento, y nada se ha probado en tal sentido, que tal desaparición pase a ser definitiva» (CA 3).

una alteración ecológica y modificaciones del entorno donde está situada la misma, cuya concesión cumple también las miras sociales de las necesidades colectivas satisfechas por la extracción de mineral».

En paralelo, dentro de este contexto legislativo tuvo lugar, en pleno proceso de transición hacia la democracia, la aprobación en referéndum de la Constitución española de 1978 y, con ella, la regulación constitucional de la materia ambiental. El regulador, haciéndose eco del nuevo escenario internacional, proclama un derecho subjetivo, a la vez que un deber, a disfrutar del medio ambiente. De este modo, dentro de los principios rectores de la política social y económica, el artículo 45[26] reconoce el derecho de todos a disfrutar de un medio ambiente adecuado para el desarrollo de la persona[27], así como el deber de conservar el entorno, e insta a los poderes públicos a restaurarlo y a mantenerlo para su disfrute no económico. En efecto, el mandato constitucional ordena por primera vez la materia a través «de los tres párrafos característicos que nos han llegado: el primero, para establecer situaciones jurídicas subjetivas en relación con el medio ambiente; el segundo, para implicar a los poderes públicos en la acción protectora del medio ambiente; y el tercero, para reclamar sanciones contra los atentados ambientales».[28] Es ilustrativo tener presente la literalidad y estructura del artículo:

1. Todos tienen el derecho a disfrutar de un medio ambiente adecuado para el desarrollo de la persona, así como el deber de conservarlo.

2. Los poderes públicos velarán por la utilización racional de todos los recursos naturales, con el fin de proteger y mejorar la calidad de vida y defender y restaurar el medio ambiente, apoyándose para ello en la indispensable solidaridad colectiva.

3. Para quienes violen lo dispuesto en el apartado anterior, en los términos que la ley fije se establecerán sanciones penales o, en su caso, administrativas, así como la obligación de reparar el daño causado.

Hay que precisar que el presente capítulo solo atiende a la protección que la Constitución española brinda a los recursos minerales, sin perjuicio de que sobre la minería, la energía y su ordenación incidan otros preceptos de la Carta Magna, como los

---

26 Al margen de la vigilancia e imposición de sanciones en la esfera administrativa, un paso relevante por parte de los poderes públicos de concretar el mandato constitucional de protección del medio ambiente fue la tipificación en el Código Penal, a partir del año 1995, del llamado delito ecológico.

27 Téngase en cuenta el carácter antropocéntrico de la protección ambiental, en que se sitúa al ser humano y su calidad de vida en el centro del debate. Sobre esta cuestión, vid. FERNÁNDEZ-ESPINAR LÓPEZ, L.C., «La evaluación de las repercusiones de los proyectos de parques eólicos en los espacios de la red europea Natura 2000: criterios jurídicos para la adecuada interpretación de la normativa a la luz de la reciente jurisprudencia», *Actualidad Jurídica Ambiental*, núm. 99, 2020 p. 52.

28 LÓPEZ RAMÓN, F., «El medio ambiente en la Constitución Española», *Ambienta: La revista del Ministerio de Medio Ambiente*, 2015, p. 113.

que recogen títulos competenciales y que revisaremos en el siguiente apartado, como las bases de planificación general de la actividad económica (artículo 149.1.13), la legislación, ordenación y autorización del transporte de energía (artículo 149.1.22) o las bases de régimen minero y energético (artículo 149.1.25); o, desde una perspectiva más amplia, los preceptos contenidos en los artículos 40.1 y 131, con gran incidencia en este ámbito, ya que prevén que el sector de la minería, como parte integrante de las actividades económicas del Estado, vaya encaminado hacia el progreso social y económico y se lleve a cabo en favor de la armonización del desarrollo regional.

Volviendo a los aspectos constitucionalizados del medio ambiente, interesa destacar que la construcción del derecho a disfrutar de un entorno adecuado frente a las injerencias de la industria extractiva se ha basado en tres pilares: el primero es el que ofrece la interpretación literal del propio artículo 45 al utilizar la expresión *derecho*; el segundo deriva de una lectura expansiva con base en el artículo 10.2 de la Constitución: el artículo 11 del Pacto Internacional de Derechos Económicos, Sociales y Culturales de la ONU proclama el derecho a un nivel de vida adecuado y el artículo 12 reconoce el derecho de toda persona al mejoramiento en todos sus aspectos de la higiene del trabajo y el medio ambiente; y, en tercer lugar, el que se desprende del artículo 53.3 de la Constitución, donde se establece que «el reconocimiento, el respeto y la protección» de los principios económico-sociales «informarán la legislación positiva, la práctica judicial y la actuación de los poderes públicos».[29]

Al hilo de lo anterior, RUIZ-RICO considera que esta alusión a los poderes públicos sería la máxima contribución del artículo 45 al introducir «el factor ambiental o ecológico en el seno de los procesos decisionales que tienen lugar en todas las esferas territoriales e institucionales de la Administración (estatal, regional o local) y, dentro de estas, en los diversos departamentos y sectores que comprenden cada una de ellas».[30] JARIA I MANZANO, en cambio, opina que «el artículo 45 CE, en relación con el artículo 53.3 CE, se presenta, más allá de su condición de clave hermenéutica y parámetro de control de constitucionalidad, sobre todo y fundamentalmente, como una habilitación para los poderes públicos en el sentido de introducir limitaciones constitucionalmente justificadas a las libertades económicas».[31]

Desde nuestra perspectiva, una cuestión clave es entender ahora el papel que juegan tales principios al ser invocados y qué pretensiones subjetivas ambientales permiten articular. Sin duda, la novedosa visión del ambiente que emerge de la Constitución española ha tenido efectos positivos para el ordenamiento jurídico: por un lado, impone al legislador el deber de promulgar las leyes necesarias para la consecución de

---

29 JORDANO FRAGA, J., «El derecho a disfrutar de un medio ambiente adecuado», *Revista electrónica de Derecho Ambiental*, Universidad de Sevilla, 2002, p. 476 y ss.

30 RUIZ-RICO RUIZ, G., *El derecho constitucional al medio ambiente*, Tirant lo Blanch, Valencia, 2000, p. 178.

31 JARIA I MANZANO, J., «Constitución, desarrollo y medio ambiente en un contexto de crisis», *Revista Catalana de Dret Ambiental*, vol. VIII, núm. 1, 2017, p. 14.

tales principios, pudiendo ser declaradas nulas las leyes que conduzcan a objetivos contrarios a dichos principios por inconstitucionales; y, por otro, obliga a los poderes públicos y, especialmente, a la Administración a articular medidas específicas de protección y a desplegar la correspondiente acción administrativa. Fuera de nuestro ordenamiento, también es digno de mención el impulso que estas disposiciones han representado para constituciones de nuevo cuño de países europeos que carecían con anterioridad de mención constitucional explícita en favor de la protección ambiental.

Examinadas las consecuencias positivas, deben destacarse también las de carácter negativo. La más obvia, por la discusión doctrinal que ha generado entre los autores[32] a lo largo de las décadas, es la ubicación del derecho a disfrutar del medio ambiente entre otros derechos y los principios rectores de la política social y económica, recogidos en el capítulo III del título I de la Carta Magna, a diferencia de los genuinos derechos públicos subjetivos y libertades del resto del título I. De su colocación parecería inferirse que, en rigor, y a pesar del tenor empleado en el primer apartado del artículo 45, no estamos hablando de un verdadero derecho subjetivo típico, sino solo de una directriz o principio, que, como tal, no sería invocable o exigible de modo directo ante los tribunales, sino de «acuerdo con lo que dispongan las leyes que los desarrollen» (artículo 53.3), ni formaría parte tampoco del catálogo de derechos susceptibles de amparo constitucional. Dicha premisa no ha sido, empero, óbice para que se haya tutelado el medio ambiente a través de otros derechos. Así, tanto a nivel nacional como internacional, particularmente en el caso del Convenio Europeo de Derechos Humanos (CEDH),[33] se ha acogido la protección del medio natural a través de la incorporación de variables ambientales en el contenido del derecho a la vida privada y familiar y de la inviolabilidad del domicilio.[34]

A pesar de que la opinión de la doctrina no es pacífica, comparto el punto de vista de autores como CANOSA USERA, para quien «el derecho a disfrutar del medio ambiente adecuado para el desarrollo de la persona es un derecho constitucional. Decir lo contrario sería defraudar la voluntad constituyente descalificándola en un asunto

---

32 En este sentido, cabe citar, a efectos puramente ejemplificativos, a JARIA MANZANO, J. y VERNET LLOBET, J., «El derecho a un medio ambiente sano: su reconocimiento en el constitucionalismo comparado y en el derecho internacional», *Teoría y realidad constitucional*, UNED, núm. 20, 2007, p. 518; LÓPEZ MENUDO, F., «El derecho a la protección del medio ambiente», *Revista del Centro de Estudios Constitucionales*, núm. 10, septiembre-diciembre 1991, p. 165; y RUIZ-RICO RUIZ, *El derecho constitucional…», ob. cit.

33 En relación con este aspecto, es relevante citar la sentencia del TEDH relativa al Caso López Ostra contra España, de 9 de diciembre de 1994, por la que se condenó a España como responsable de la vulneración de los derechos fundamentales de la Sra. López Ostra, relativos al respeto a su domicilio y a su vida privada y familiar, dada la inactividad a lo largo del tiempo de la Administración ante la contaminación generada por una planta de tratamiento de residuos. La doctrina emanada de dicho pronunciamiento se asentaría a través de nuevas sentencias en el mismo sentido, como la Sentencia Moreno Gómez, de 16 de noviembre de 2004, donde también se condena al Estado español por violación del derecho del artículo 8 del Convenio, en este caso, por un episodio de contaminación acústica causada por locales de ocio nocturno.

34 De acuerdo con el artículo 8.1 CEDH, «toda persona tiene derecho al respeto de su vida privada y familiar, de su domicilio y de su correspondencia».

tan grave como es el reconocimiento de un derecho. Pero la estructura de este derecho no está cerrada en la Constitución, ni tampoco el legislador ha procedido a ese cierre. Ni la doctrina ni la jurisprudencia han configurado un derecho subjetivo ambiental sobre el que podamos apoyar la interpretación del precepto constitucional. Ante la incertidumbre, sigue correspondiendo al legislador estatal desarrollar el derecho y cerrar su estructura, fijando su contenido, porque en la Constitución solo se pergeña, a nuestro entender, un esbozo de derecho subjetivo».[35]

Al margen de las críticas doctrinales con respecto a la categorización de derechos y al hecho de que el medio ambiente no se encuentre comprendido dentro de los derechos y libertades merecedores de una protección constitucional plena, no puede haber duda sobre que ambos intereses enfrentados, medio ambiente y progreso económico, son partícipes de la misma consideración, la de representar principios rectores de la política social y económica que solo podrán ser alegados, en principio, ante la jurisdicción ordinaria de acuerdo con lo que dispongan las leyes que los desarrollen, y, por lo tanto, no existe relación de jerarquía entre ambos ni diferenciación alguna en el texto constitucional en cuanto a las garantías jurídicas que protegen la observancia de uno u otro principio y en lo referente a la primacía de uno sobre otro.

1.2.2 La convergencia de minería y medio ambiente en la jurisprudencia constitucional

Las medidas de protección ambiental ofrecen un nivel de amparo resultado de la ponderación entre los siguientes derechos y bienes jurídicos contrapuestos: la tutela ambiental, por un lado, traducida en un derecho colectivo a un ambiente sano, versus el desarrollo económico, por otro, concretado en los derechos individuales de propiedad y de libertad de empresa.[36] Tal necesidad de protección y confluencia de ambos intereses va poco a poco extendiéndose y encontrando acomodo en los ordenamientos jurídicos a través de su introducción paulatina en los textos constitucionales europeos.

Curiosamente, como apunte, no deja de extrañar que la incorporación del interés ambiental en la regulación constitucional tuviera lugar inicialmente en las sociedades desarrolladas. De acuerdo con Canosa Usera, «lo paradójico de la situación salta a la vista: el desarrollo, el progreso, ha consistido siempre para el ser humano en domeñar la naturaleza, incierta y peligrosa, para crear un ambiente artificial propiamente humano y por ello más cómodo para vivir. Esta comodidad se nutre de todo aquello que fabricamos con la transformación de los recursos naturales, con su explotación y a veces destrucción. Ha sido esta explotación la que nos ha proporcionado la calidad

---

35 Canosa Usera, R., «¿Existe un verdadero derecho constitucional a disfrutar del medio ambiente?», *Anuario de Derechos Humanos. Nueva Época*, vol. 7, t. 1, 2006, p. 151.

36 Agudo González, J., «Nivel elevado de protección, ponderación y prevalencia de los intereses ambientales. Estudio jurisprudencial», *Revista de derecho urbanístico y medio ambiente*, núm. 201-202, 2003, p. 11 y ss.

de vida a la que, por descontado, no renunciamos. Pero hemos advertido al cabo que la consecución de nuestro bienestar ha ido deteriorando nuestro entorno y, paralelamente, ha ido creciendo en nosotros el deseo de disfrutar esos bienes naturales de cuya explotación depende ese bienestar».[37]

En cualquier caso, la convergencia de estos intereses opuestos entre minería y medio ambiente ha llegado en diferentes ocasiones al Tribunal Constitucional.[38] Así, en la Sentencia 64/1982 de 4 de noviembre de 1982 (FJ 8),[39] la postura adoptada por el Tribunal se inclina a favor del aprovechamiento de los recursos minerales en los supuestos en que «el Estado, en defensa de la economía nacional, haya declarado o declare en cualquiera de las formas legalmente posibles la prioridad de determinadas actividades extractivas. En esta circunstancia es de presumir que el fomento de esas actividades declaradas prioritarias requiere considerarlas prioritarias respecto al medio ambiente en tanto el Estado no declare en forma expresa esta última prioridad». Sin embargo, el Alto Tribunal utiliza los mismos argumentos en el sentido opuesto en la Sentencia 170/1989, de 19 de octubre (FJ 7 y 8),[40] en la que inclina la balanza a favor del medio natural por encima de los intereses privados: «Las limitaciones del derecho de propiedad que introduce la Ley madrileña con carácter no indemnizable no vulneran el contenido esencial de los derechos afectados, al tratarse de medidas tendentes a proteger el espacio natural, según la distinta calificación del terreno y en cumplimiento del mandato que impone el artículo 45 CE». «En el presente caso se trata de una prohibición limitada a unos terrenos muy concretos (los mencionados en los artículos 15.1 y 16.1 de la ley impugnada) y destinada fundamentalmente a actividades extractivas enmarcables en las secciones A y B, «actividades extractivas, y de cantería, areneros, graveros y similares». Al mismo tiempo, aun cuando la ley impugnada no haga referencia expresa, a diferencia de la ley catalana, a la existencia de un interés público prioritario, este ya resulta implícito también en la propia referencia contenida en la Ley estatal 4/1989, cuyo artículo 13.2 prevé la prohibición del aprovechamiento de los recursos naturales incompatibles con las finalidades que hayan justificado la creación del parque». La conclusión a la que llega el Tribunal Constitucional es que, cuando se plantea en cada caso concreto el conflicto entre la protección del medio ambiente y el desarrollo del sector económico minero, es preceptivo ponderar la importancia que

---

37 CANOSA USERA, «¿Existe un verdadero derecho…?», cit., p. 154.

38 Vid. RAMÍREZ SÁNCHEZ-MAROTO, C., «Minería y medio ambiente: las prohibiciones o limitaciones de las actividades mineras en los espacios naturales protegidos», Actualidad Jurídica Ambiental, núm. 76, 5 de febrero de 2018, pp. 1-21; y RAMOS MEDRANO, J. A., «La prohibición de actividades mineras en la ordenación territorial y urbanística, a la luz de la jurisprudencia», Actualidad Jurídica Ambiental, núm. 62, 14 de noviembre de 2016, pp. 1-15.

39 Sentencia resolutoria del recurso de inconstitucionalidad número 114/82. Recurso interpuesto contra la Ley 12/1981, de 24 de diciembre, del Parlamento de Cataluña.

40 Sentencia resolutoria del recurso de inconstitucionalidad 404/1985 contra la Ley de la Comunidad Autónoma de Madrid, de 23 de enero, del Parque Regional de la Cuenca Alta del Manzanares.

para la economía tiene la concreta explotación minera y el daño que esta puede producir al medio ambiente, siendo contrario al ordenamiento básico en materia de régimen minero y energético, que deriva de lo dispuesto en el artículo 149.1.23 y 149.1.25 en relación con el artículo 128.1, todos ellos de la Constitución, el establecimiento de prohibiciones de la actividad minera genéricas, absolutas e incondicionadas.[41]

A pesar de dichas previsiones, el asunto no es pacífico ni está resuelto, ni siquiera en sede jurisdiccional, dado que la armonización de los distintos intereses de las partes en caso de contienda se debe llevar a cabo en todo momento analizando los pormenores y los efectos de la limitación o injerencia en particular, y siempre con arreglo a un juicio de proporcionalidad.

1.3 Compatibilidad entre la industria extractiva y la cuestión ambiental

Como hemos venido apuntando, podemos afirmar, sin lugar a duda, que actualmente no es posible prescindir de la explotación de los recursos minerales por cuanto constituyen las materias primas esenciales para el mantenimiento de nuestra sociedad. Al mismo tiempo, la conciencia social rechaza los daños que los trabajos de explotación y de extracción de los yacimientos generan a la naturaleza, por lo que es preciso alcanzar el adecuado equilibrio con el fin de lograr una actividad minera más sostenible.

En la búsqueda de esta armonía aparece, a partir de la promulgación de la Constitución, el concepto de desarrollo cualitativo, que consiste, en palabras de JUNCEDA MORENO, en la «adopción de soluciones que permitan llevar a cabo aprovechamientos racionales en los que la variable ambiental se cumpla, pero permitiendo la explotación de los recursos».[42]

Otro término que se empieza a extender a los pocos años de la promulgación del texto constitucional, por su relación con la expresión «utilización racional de todos los recursos naturales», es el de desarrollo sostenible, muy similar al de desarrollo cualitativo.[43] Dicho concepto viene de la mano del informe publicado por las Naciones Unidas en 1987 bajo el título «Nuestro Futuro Común», también conocido como In-

---

41 Este argumento se ha venido reiterando a lo largo de diferentes pronunciamientos del Tribunal Constitucional (STC 106/2014, de 24 de junio; 134/2014, de 22 de julio; y 208/2014, de 15 de diciembre), sin perjuicio de admitirse la premisa de que las comunidades autónomas pueden imponer deberes y cargas para el otorgamiento de autorizaciones, concesiones y permisos mineros con la finalidad de proteger el medio ambiente, siempre que sean razonables y proporcionados al fin propuesto.

42 JUNCEDA MORENO, J., «Arbitraje, actividades extractivas y normativa internacional ambiental: el caso del Amazonas», en SAVARIS, J.A. y STRAPAZZON, C.L. (coord.), *Direitos fundamentais da pessoa humana: um diálogo latinoamericano*, 2012, p. 315 y ss.

43 *Vid.*, a modo de ejemplo, el Estatuto de Autonomía de Cataluña, que señala en su artículo 4 que «los poderes públicos promoverán, entre otros, la libertad, la igualdad, la solidaridad, el pluralismo y el desarrollo sostenible», y en el artículo 46 apunta que «los poderes públicos deben velar por la protección del medio ambiente mediante la adopción de políticas públicas basadas en el desarrollo sostenible y la solidaridad colectiva e intergeneracional».

forme Brundtland. En él aparece formulado por primera vez este concepto como aquel desarrollo que satisface las necesidades de las generaciones presentes sin comprometer las de las futuras generaciones.

Luego, ¿cuál sería el justo equilibrio entre la protección del medio ambiente y la satisfacción de los intereses mineros que permitiera determinar qué se considera un medio ambiente adecuado o una minería sostenible o desarrollada cualitativamente?

Para SOLANO OYARCE, el concepto de desarrollo sostenible aplicado a la actividad minera debe ser «un nuevo enfoque ético de la relación dialéctica entre el Estado, la empresa minera, la sociedad y el medio ambiente, con un sentido de perdurabilidad a largo plazo y de responsabilidad de la generación actual consigo misma y con las generaciones venideras».[44] Como acertadamente indica PACHÓN MAHECHA, «el desarrollo sostenible aplicado en la minería es viable, si y solo si, se empieza por una conciencia individual en las empresas mineras que trascienda e involucre la región de operación, la población geográfica, el estado, el medio ambiente y todas las demás industrias, mediante un uso adecuado y racional de los recursos naturales aplicando principios de reciclaje y reutilización».[45] En el escenario de estas complejas referencias, hay que considerar que la gestión sostenible de los recursos naturales y de las industrias extractivas es una tarea compleja. Consideraciones económicas, políticas, culturales y ambientales se entremezclan en la definición de los obstáculos y de las posibilidades del desarrollo basadas en recursos naturales y, más específicamente, en la industria minera. El objetivo fundamental de la operación minera va a consistir siempre en la extracción del mineral de la forma más económica y utilizando la mejor tecnología disponible, para una mayor rentabilidad de sus beneficios y sin tener en cuenta los detrimentos ecológicos y sociales que pueda producir. Por otro lado, es inevitable que el medio ambiente se resienta ante cualquier intervención causada por la industria extractiva, por mínima que esta sea. En coherencia, la búsqueda de la armonía implica determinar qué riesgos o daños ambientales son los que se está dispuesto a asumir o a tolerar en aras del avance económico y sin que ello suponga un perjuicio irreparable para el medio ambiente.

En definitiva, las medidas de protección medioambiental establecen niveles de garantía que son el resultado de la ponderación de intereses y bienes jurídicos contrapuestos, con el fin de equilibrar el crecimiento de la economía con el mantenimiento de un medio ambiente adecuado, determinando índices de contaminación y de deterioro (legítimo) del medio ambiente tolerables. Desde este punto de vista, como advierte AGUDO GONZÁLEZ, «se ha de ser consciente de que cuando se establecen medidas de

---

44 SOLANO OYARCE, E., *Propuesta de un clúster minero para impulsar el desarrollo sostenible: un enfoque interdisciplinario*, tesis doctoral, Universidad Nacional Mayor de San Marcos, 2012, p. 25.

45 PACHÓN MAHECHA, C.T., *Minería sostenible: el reto colombiano*, trabajo de especialización en Gerencia de Comercio Internacional, Universidad M. Nueva Granada, 2014, p. 21.

protección medioambiental no solo se están resolviendo problemas, sino que también se están provocando y legitimando otros, aunque sean tolerados y asumidos por no superar la barrera de los niveles mínimos de protección ambiental en todo caso exigibles. En suma, la cuestión no es solo que sea necesario armonizar a través de estas medidas dos grupos de intereses y derechos contrapuestos, sino, sobre todo, determinar qué grado de protección es, en todo caso, exigible, o bien qué riesgos ambientales son los que se está dispuesto a asumir o a tolerar en aras del desarrollo económico y sin que ello suponga un perjuicio irreparable para el medio ambiente».[46]

La industria minera es consciente de que nos dirigimos hacia la eliminación gradual del uso de carbón como una de las medidas más importantes para combatir el cambio climático, medida llevada a cabo en el marco de la llamada Estrategia de Transición Justa.[47] Ejemplo de ello es la aprobación del Real Decreto-ley 25/2018, de 21 de diciembre, de medidas urgentes para una transición justa de la minería del carbón y el desarrollo sostenible de las comarcas mineras, dictado tras la Decisión 2010/787/UE del Consejo, de 10 de diciembre de 2010, que obliga al cierre de las minas de carbón no competitivas y limita la posibilidad de los Estados miembros de conceder ayudas para cubrir las correspondientes pérdidas. El texto acuerda la continuidad de las políticas de reactivación de las comarcas mineras y favorece su impulso económico mediante la creación de nuevas infraestructuras y proyectos, así como actividades económicas alternativas que favorezcan la generación de nuevos empleos mediante la revitalización de otros sectores de la industria minera, por cuanto la transición energética hacia una economía descarbonizada requiere necesariamente de fuentes de energía alternativas y de un desarrollo tecnológico innovador.

Por todo esto, más allá del riesgo ambiental de las actividades extractivas, hay que tener presente que estas constituyen un sector estratégico y esencial para la transformación renovable del nuevo modelo energético que impulsa la Unión Europea con el propósito de conseguir el compromiso de neutralidad de carbono para 2050,[48] recogido en la denominada Ley Europea del Clima,[49] para alcanzar el objetivo a largo plazo relativo a la temperatura establecido en el artículo 2, apartado 1, letra a) del

---

46   Agudo González, «Nivel elevado de protección…», *cit.*, p. 11 y ss.

47   El Gobierno de España aprobó, en febrero de 2019, el Marco Estratégico de Energía y Clima, a través del cual se pondrán en marcha medidas que faciliten el cambio hacia un modelo económico sostenible y competitivo que contribuya a poner freno al cambio climático. Este Marco Estratégico se estructura en tres pilares: el anteproyecto de Ley de Cambio Climático, el borrador del Plan Nacional Integrado de Energía y Clima (PNIEC), y la Estrategia de Transición Justa.

48   La Comisión, en su Comunicación de 11 de diciembre de 2019, titulada «El Pacto Verde Europeo», estableció una nueva estrategia de crecimiento económico en la que no habrá emisiones netas de gases de efecto invernadero en 2050 y el crecimiento económico estará disociado del uso de los recursos.

49   Reglamento (UE) 2021/1119 del Parlamento Europeo y del Consejo de 30 de junio de 2021 por el que se establece el marco para lograr la neutralidad climática y se modifican los Reglamentos (CE) núm. 401/2009 y (UE) 2018/1999.

Acuerdo de París.[50] Así, «los denominados recursos minerales críticos (CRM, *critical raw materials*)[51] constituyen un elemento clave relacionado con el cambio climático y el desarrollo de las tecnologías renovables del nuevo modelo energético, situando de nuevo a estas actividades en el centro de la historia de las transformaciones industriales y económicas, esta vez en el siglo XXI».[52] Tanto es así que la Comisión de la UE, en su propuesta de plan industrial para Europa,[53] considera las materias primas como factores clave para la resiliencia de la UE frente a futuras crisis, como la energética actual derivada de la suma de las consecuencias de la pandemia de COVID-19, la crisis del gas y la guerra de Ucrania, siendo preciso actuar con el objetivo diversificar el suministro entre diversas fuentes y mejorar la eficiencia de los recursos, lo que incluye diseñar los productos de manera sostenible. Para ello, y con el propósito de garantizar la seguridad de suministro de materias primas minerales de los sectores industriales frente a posibles futuras crisis energéticas, la reutilización, el reciclaje y el fomento de la economía circular son clave para reorientar los procesos de producción, aprovechar los recursos minerales autóctonos bajo estándares medioambientales sostenibles y reducir las emisiones en el sector y la dependencia de las importaciones.

---

50 Tratado internacional adoptado el 12 de diciembre de 2015 por las Partes de la CMNUCC, en la COP21 de París, cuyo objetivo es combatir el cambio climático y acelerar e intensificar las acciones e inversiones necesarias para un futuro sostenible con bajas emisiones de carbono.

51 Dichas materias primas fundamentales son un listado, que se actualiza cada tres años, de materiales identificados por la Comisión Europea como necesitados de atención especial debido a su importancia económica y al alto riesgo que supondría una interrupción de su suministro a la UE. Actualización de 2020. Disponible en: <https://eur-lex.europa.eu/legal-content/ES/TXT/HTML/?uri=CELEX:52020DC0474&from=EN>, última consulta el 1 de agosto de 2023.

52 FERNÁNDEZ-ESPINAR LÓPEZ, L.C., «Las actividades extractivas: sector crítico estratégico del nuevo modelo energético», *Actualidad Jurídica Ambiental*, núm. 121, 2022, p. 1.

53 Comunicación de la Comisión al Parlamento Europeo, al Consejo, al Comité Económico y Social europeo y a Comité de las Regiones, de 3 de septiembre de 2020, titulada «Resiliencia de las materias primas fundamentales: trazando el camino hacia un mayor grado de seguridad y sostenibilidad».

2. Marco jurídico de la minería en España

2.1 Antecedentes históricos

Analizaremos en este capítulo los inicios de la actividad legislativa minera en España y su evolución histórica, así como el paso de unas primeras disposiciones relativas a actividades mineras, especialmente centradas en lo concerniente al dominio de los yacimientos y a la obtención de ingresos, a la gestación de toda una suerte de normativa de protección ambiental tendente a reducir las consecuencias negativas de las explotaciones de los recursos naturales, fruto del nacimiento del concepto de conciencia ambiental que comentamos en el capítulo anterior.

Como cuestión preliminar, conviene hacer referencia a la polémica que ha existido, a lo largo de toda la tradición legislativa minera, acerca de la propiedad de las minas. Es preciso exponer que históricamente se ha tratado de dar respuesta a esta cuestión jurídica a través de dos teorías con concepciones diametralmente distintas sobre a quién pertenecen los minerales yacientes en el subsuelo: la teoría de la accesión o fundiaria y la de la separación. La primera de ellas parte de la noción de unidad de suelo y subsuelo, de manera que los minerales pertenecen al propietario de la superficie del predio donde están ubicados. Para autores como FRANCISKOVIC INGUNZA, «el sistema de accesión es solo una de las manifestaciones de la propiedad como derecho absoluto, concretada en el aforismo: *qui dominus soli, dominus est coeli et inferorum»*.[54] La segunda teoría, en cambio, distingue entre la pertenencia de los recursos geológicos y la de la superficie, y contempla la explotación de las minas como un derecho independiente, ajeno y separado del derecho de propiedad superficial.[55]

---

54 FRANCISKOVIC, M., «Sistemas de dominio originario de los yacimientos», *Vox Juris*, 2015, p. 144.
55 GUTIÉRREZ GUARDIA, C.A., «La propiedad minera», *Revista del Instituto de Investigaciones FIGMMG*, vol. 13, núm. 25, 2010, p. 42.

Cada una de estas soluciones se ha traducido en la implantación, en la práctica, de distintos sistemas regidos por la atribución por ley del dominio al propietario del suelo, al descubridor de la cantera, al señor feudal, al primer ocupante, al monarca o al propio Estado, según sea el periodo histórico al que nos refiramos.

2.1.1 El dominio de las minas en el derecho romano

A modo de introducción histórica, y sin ánimo de remontarnos demasiado atrás en el tiempo, es de interés reseñar que los romanos explotaron gran cantidad de yacimientos mineros dentro del Imperio (los *metalla*), muchos de ellos localizados en Hispania, la actual península ibérica, zona caracterizada por su tradicional riqueza minera.

Podemos decir que, en general, el derecho romano clásico (comprendido desde mediados del siglo i a. C. hasta el siglo ii d. C.) optó por un sistema de accesión en el que los recursos mineros eran tratados como productos naturales y, como tales, constituían una parte accesoria del predio (*pars fundi*),[56] derivándose del señorío absoluto o *dominium* del hombre privilegiado (o ciudadano romano) sobre la tierra.[57]

A raíz del descubrimiento de las tablas de bronce de Vipasca, escritas a finales de la etapa clásica del derecho romano (aproximadamente entre el año 117 y el 138 d. C.), algunos autores estiman que, por influencias del derecho provincial, el ejercicio de la actividad minera empezó por aquel entonces a representar no tanto un derecho de dominio, sino un usufructo o un derecho a explotar el mineral localizado en el subsuelo, sujeto a la obtención de un permiso o autorización estatal que se adquiría a condición de realizar un trabajo constante en el pozo y de pagar un tributo a las autoridades, requisitos sin los cuales el mencionado derecho de usufructo podía caducar por inoperatividad del yacimiento. Más tarde, en el Bajo Imperio, como consecuencia de lo establecido por el Codex Theodosianus (438 d. C.), se consagró la facultad de buscar y cavar en tierras ajenas mediante una autorización. A tal fin, Roma terminaría afectando todas las minas a su dominio, independientemente de su ubicación. VERGARA BLANCO indica al respecto que es en este llamado derecho romano tardío, o posclásico, donde nace la disciplina jurídica del derecho de minería, pues ya no se entiende que la extracción minera necesite de la voluntad del *dominus* para ejecutarse, sino que ahora las prospecciones precisan de un permiso por parte del Estado, sea quien sea el titular del predio, debido a que se entienden vinculadas a un destino público.[58] Podríamos

---

56 Como pone de manifiesto VELA-ARRIETA, T., *Vinculación de dominio de los recursos minerales en el Perú*, tesis doctoral, Universidad de Piura, Facultad de Derecho, Perú, 2017, p. 12., «los romanos estaban tan preocupados de que los recursos mineros ubicados en los grandes territorios conquistados después de la Segunda Guerra Púnica y de las guerras macedónicas pudiesen ser objeto del dominio por particulares, que calificaron los terrenos como de propiedad del pueblo romano, ya que, de esta forma, la administración de los recursos minerales le correspondía al poder administrativo».

57 URIBE HERRERA, A., *Manual de derecho de minería*, Editorial Jurídica de Chile, Santiago de Chile, 1968, p. 17.

58 VERGARA BLANCO A., «El problema de la naturaleza jurídica de la riqueza mineral», *Revista de Administración Pública*, núm. 173, Madrid, mayo-agosto 2007, p. 448.

decir que estamos en presencia de la génesis de un sistema muy semejante al de la pura regalía feudal, por el que se debía pagar al fisco una parte de los productos extraídos al Estado y también al propietario del fundo. De hecho, bajo el gobierno teodosiano (378-395 d. C.) ya se impuso a los explotadores de canteras una contribución tanto al fisco como al titular del suelo bajo el principio *decimas fisco, decimas etiam domino* (una décima parte como impuesto, otra décima parte para el dueño del terreno).

En el escenario ambiental, si bien como señalan algunos autores,[59] ciertos recursos naturales pudieron ser defendidos y protegidos por el ordenamiento jurídico romano,[60] llegando a representar los primeros antecedentes de los actuales métodos de protección jurídica del medio ambiente, lo cierto es que tal regulación no obedeció a cuestiones naturalistas o filosóficas, sino a motivos de salubridad de las ciudades o de aprovechamiento de los recursos.[61] En efecto, hay que resaltar que la civilización romana no estuvo libre de contaminación ambiental y determinados malos usos en el empleo de recursos naturales tuvieron secuelas negativas para el entorno. A saber, en el terreno de la minería, hay evidencias[62] de que la exposición al plomo fue especialmente significativa en el Imperio romano, ya que la densidad, maleabilidad y resistencia de este metal a la corrosión lo hacían muy atractivo para trabajos de orfebrería y construcción. Así lo han puesto de manifiesto estudios realizados en las capas de hielo de Groenlandia que sugieren que las concentraciones de plomo en la atmósfera fueron muy elevadas durante este periodo histórico, lo cual pudo representar un inconveniente recurrente de salud pública.

2.1.2 El sistema de regalías del derecho medieval

Tras la caída del Imperio romano de Occidente, la minería entró en un estado de decaimiento generalizado hasta casi finales del siglo XIV, y la actividad se desarrolló principalmente en un nivel de subsistencia y autoabastecimiento.

---

59 En opinión de ZAMBRANA MORAL, P., «La protección de las aguas frente a la contaminación y otros aspectos medioambientales en el Derecho romano y en el Derecho castellano medieval», *Revista de Derecho (Valparaiso)*, núm. XXXVII, 2011, pp. 597-650, «la primera norma encaminada, de forma tal vez más directa, a preservar el medio ambiente se encontraba en el *Digesto* y tenía como finalidad, precisamente, la tutela de las aguas. Nos referimos a un texto de las sentencias de Paulo en el que aparecía la palabra "contaminaverit" y que se situaba en el título de *extraordinariis criminibus*».

60 Señala RUIZ-PINO, S., «Algunos precedentes históricos de protección o defensa de los recursos naturales y de la *salubritas* en Roma. Hacia un derecho administrativo medioambiental romano», *Revista digital de Derecho Administrativo*, núm. 17, 2017, p. 95, «que existiendo en Roma una experiencia jurídico-administrativa de protección de los recursos naturales, si bien no desligada de otras funciones públicas, pero integrada también por instituciones, hechos y actividad de orden administrativo en diversos ámbitos, no nos parece ilegítima, por las mismas razones por las que es lícito usar el término "derecho administrativo romano", la utilización de la expresión "derecho medioambiental romano", aun cuando no podamos hablar en Roma de la existencia de una ciencia técnico-jurídica que lo desarrolle».

61 RUIZ-PINO, «Algunos precedentes históricos...», *cit.*, p. 95.

62 ROBLES OSORIO, M. L., y SABATH SILVA, E. F., «Breve historia de la intoxicación por plomo: de la cultura egipcia al Renacimiento», *Revista de investigación clínica*, vol. 66, núm. 1, 2014, pp. 88-91.

La idea jurídica de riqueza mineral como patrimonio del cuerpo político se consagró en la Edad Media y se mantuvo durante todo el Antiguo Régimen en Europa. Cuando menos desde el siglo XII, el ordenamiento jurídico comenzó a incorporar reglas especiales relativas a la titularidad de las riquezas minerales y a la participación de la organización política en los dividendos provenientes de su extracción o regalismo. De hecho, dichos elementos de patrimonialidad (traducidos en el dominio regio de los recursos minerales) y de regalía[63] de minas quedaron recogidos, sin ambages, en las principales colecciones jurídicas castellanas del medievo. Así, en el año 1138, el Fuero Viejo de Castilla aprobado por las Cortes de Nájera, bajo el reinado de Alfonso VII, representa el primer antecedente que hace referencia directa al dominio de los recursos mineros de la Corona española (Castilla y León) y a la prohibición de explotarlos sin los correspondientes permisos: «[…] todas las minas de oro e plata e de plomo o de otra guisa cualquier que mineral sea, en el Senyorio del Rey, ninguno non sea de labrar en ellas sin mandado del Rey».[64] Más tarde, en el Código de Las Siete Partidas, redactado entre los años 1256 y 1265 durante el reinado de Alfonso X el Sabio, se enumeró la minería entre los bienes de dominio público.[65]

En el reinado de Alfonso XI (1348-1360) se aprobó el Ordenamiento de Alcalá de Henares, que ratificó el sistema de regalías dispuesto en el Fuero Viejo y lo ilustró con claridad en su título 32, ley 47, al expresar que «todas las minas de plata, oro, plomo y de cualquier metal de cualquier cosa que sean en nuestro señorío pertenecen a Nos: e por ende, ninguno sea osado de las labrar sin nuestra especial licencia o mandato». Es decir, no se podían trabajar las minas sin la previa solicitud del mandato real.[66]

Más adelante, en 1387, el rey Juan I dictó una disposición crucial, conocida como las Ordenanzas de Briviesca[67] y considerada por algunos autores como el primer

---

63 La institución jurídica de la regalía (la *iura regalia*), que imperó en España hasta el siglo XIX, dio lugar en el medievo a un contexto de relaciones sociales, económicas y jurídicas que no podemos entrar a analizar aquí en profundidad, pues por su complejidad sería objeto de un trabajo de investigación aparte. Apuntaremos únicamente que la regalía constituía, entonces, el pago que el minero (hombre libre, vasallo o colono), a cambio del derecho de extracción de minerales, debía al monarca o al señor feudal que tenía asignado tal yacimiento en tenencia.

64 Cfr. VILDÓSOLA FUENZALIDA, J., *El dominio minero y el sistema concesional en América Latina y el Caribe*, CEPAL, NNUU, Caracas, Edición Latina, 1999, p. 74.

65 Se enumeran con mayor precisión las cosas y bienes que son propiamente del «señorío de los emperadores y de los reyes», entre ellas, «las rentas de los puertos y de los portazgos que dan los mercaderes por razón de las cosas que sacan o meten en la tierra y las rentas de las salinas o de las pesquerías, de las ferrerías y de los otros metales, y los pechos y tributos que pagan los hombres son de los emperadores y de los reyes. Y fuéronles otorgadas todas estas cosas porque tuviesen con que mantenerse honradamente en sus despensas, y con que pudiesen amparar sus tierras y sus reinos, y guerrear contra los enemigos de la fe; y porque pudiesen excusar sus pueblos de echarles muchos pechos y hacerles otros agravios» (Partida II, tít. XV, ley V y Partida III, tít. XXVIII, ley II).

66 LÓPEZ, F., «La vida o el mineral. Los cuatro ciclos del despojo minero en México», *Andamios: revista de investigación social*, núm. 38, septiembre-diciembre, 2018, pp. 393-397.

67 La Ley núm. II de la Ordenanza se expresaba en los siguientes términos: «Por cuanto Nos somos informados, que estos nuestros reinos son abastados y ricos de mineros; por ende por hacer gracia y merced a los dichos nuestros reinos y vecinos moradores de las ciudades y villas y lugares de los, y a eclesiásticas personas, que como quiera que poa r Nos, o los Reyes onde nos venimos, en los privilegios que se han dado de mercedes se han reservado para Nos mineros de oro y de plata y de otros cualquier metales, es nuestra merced; que de aquí en adelante, todas

código minero español,[68] conforme al cual se permitía el libre cateo y búsqueda de minerales en predios de la Corona sin la observancia del requisito de solicitar un permiso especial del monarca. A pesar de que la ordenanza no supuso cambio alguno en la titularidad del dominio minero, su importancia residió en la consagración de la libertad de exploración y explotación de las minas. Sin embargo, el texto legal no rindió los frutos que de él se esperaban, en parte debido a que la participación real en la ganancia era muy elevada, más de dos tercios del beneficio una vez descontados los gastos de laboreo, por lo que, más que un incentivo para el sector, supuso un estancamiento en la producción y un descenso abrupto de la actividad minera durante los 150 años de vigencia de la disposición.[69]

Tras este periodo de escasez de explotación de metales peninsular, se dictaron las Reales Cédulas en el año 1504, las primeras disposiciones legislativas expedidas por los Reyes Católicos con motivo del descubrimiento de América y del inicio de lo que sería la época de oro de la minería española. En ellas, como apunta Vildósola Fuenzalida citando a Céspedes del Castillo,[70] «los Reyes Católicos insistieron e instauraron en las Indias con más vigor que en la metrópolis[71] el concepto de un regalismo de carácter patrimonial sobre los minerales, en concreto de una quinta parte de la producción bruta, punto de partida de la historia sobre la propiedad territorial en general y minera en particular de América». De esta manera, las autoridades indianas debieron aplicar la legislación castellana en ausencia de normas expresas en un comienzo, y en forma supletoria, tiempo después, para cubrir las lagunas que pudieran presentarse en el derecho indiano.

Hasta este punto de restauración minera hispana, ciertos autores, como Zambrana Moral,[72] defienden que, en la legislación castellana de la época, es posible hallar algunas disposiciones dispersas donde se intuye la existencia de una finalidad de protección medioambiental, aunque sea de manera indirecta o tangencial al hilo de la tutela de otros intereses. La mayor parte de ellas imponían ciertas trabas a la

---

las dichas personas y otras cualquier de los dichos nuestros reinos, puedan buscar y catar y cavar en sus tierras y heredades las dichas personas y otras cualquier lugares, no haciendo perjuicio unos a otros en los cavar y buscar, faciéndolo con licencia de sus dueños; y de todo lo que se hallare de los dichos mineros y se sacare, se parta en esta manera: lo primero, que se entregue y pague dello el que lo sacare, de todas las costas (gasto) que hiciere en cavar y lo sacar; y en lo que sobrare, sacada la dicha costa, la tercia parte sea para el que lo sacare y las otras dos para Nos».

68 Bruna Vargas, A., *Evolución histórica del dominio del Estado en materia minera*, Editorial Jurídica de Chile, 1971, pp. 7-27.

69 Vela-Arrieta, *Vinculación de dominio de los recursos minerales…, cit.*, p. 18.

70 Vildósola Fuenzalida, *El dominio minero y el sistema concesional en América Latina…, cit.*, p. 85.

71 De acuerdo con Rodríguez Ennes, L., «La recepción del régimen jurídico de la minería romana en España e Iberoamérica», en García Sánchez, J. (coord.), *Fundamentos romanísticos del derecho contemporáneo, Derecho Romano*, vol. 5, AIDROM, Asociación Iberoamericana de Derecho Romano, 2021, p. 816, «el descubrimiento y explotación de las minas del Nuevo Mundo llevó a la minería a convertirse en la actividad económica principal indiana y a aumentar considerablemente el tráfico comercial. Pudiere ser que en todo el siglo xvi los metales preciosos representasen más del 85 por 100 de las exportaciones indianas».

72 Zambrana Moral, P., «Historia del derecho medioambiental: La tutela de las aguas en las fuentes jurídicas castellanas de la edad moderna», *Revista de estudios históricos jurídicos*, núm. 34, 2012, pp. 277-319.

explotación de la riqueza metalífera a la hora de legislar sobre algunos aspectos de esta tocantes a la convivencia con otras actividades y con los intereses de las restantes poblaciones asentadas en el territorio.[73] Y es que la minería planteó no pocos problemas en este aspecto, al ser una actividad que, además de contaminar, ejercía una gran presión sobre la cobertura vegetal. Así, las circunstancias en que las explotaciones mineras podían hacer uso de la madera y leña del entorno en el que se enmarcaban eran un tema reiterado en las normativas que afectaban a los yacimientos, con el fin de evitar la deforestación y los conflictos con la población asentada en el territorio.

Sin embargo, téngase presente que, durante la Edad Media, además de producirse un progresivo aumento de la presión antrópica sobre el medio y en especial sobre los espacios incultos (causada por actividades extractivas, agrícolas o ganaderas), surgieron en los centros urbanos ciertos problemas medioambientales que verdaderamente fueron motivo de preocupación de las autoridades medievales. Así, el sobrecrecimiento desordenado y masificado de las urbes conllevó la polución del aire y del agua, la escasez y el encarecimiento de la leña y madera, el establecimiento de industrias y artes ruidosas y malolientes, una infraestructura urbana escasa o inexistente y una higiene y estado de salubridad muy deficientes, que fueron, en conjunto, el caldo de cultivo idóneo para la propagación de la peste negra en el siglo XIV, que causó estragos especialmente en las capas populares urbanizadas.[74]

2.1.3 La propiedad minera en la Edad Moderna

Con el siglo XVI se inicia un ciclo de cambios económicos a nivel europeo en el que el auge de la producción metálica será progresivo. El heterogéneo panorama de normas locales y regionales existentes que regían la minería en la América hispana, la necesidad de adaptarse a la nueva realidad de ultramar o las nuevas actividades y técnicas mineras impulsaron al monarca Felipe II a adecuar la normativa a los retos de la monarquía. Las Ordenanzas de 1559, la Pragmática de Madrid de 1563 y las Ordenanzas del Nuevo Cuaderno de 1584 son los tres máximos exponentes de la actividad normativa minera en este periodo. Dichos textos supusieron un avance en el derecho de minas y el nuevo articulado, y, a pesar de mantener inalterable la doctrina jurídica acerca del dominio real sobre el subsuelo, fueron otorgando paulatinamente mayores libertades para la exploración,[75] viniendo a derogar muchas de las mercedes concedidas al amparo de las Ordenanzas de Briviesca y fijando con más precisión la jurisdicción real en materia minera.

---

73 Almagro Vidal, C., «"Hombre rico, hombre pobre": sobre las condiciones de la minería en el paso de la Edad Media a la Moderna en Castilla», *Espacio Tiempo y Forma*, Serie III, Historia Medieval, núm. 23, 2010, p. 29.

74 Rucquuoi, A., «La ecología, ¿un problema medieval?», *Tiempo de historia*, año V, núm. 54, 1979, pp. 54-65.

75 Vela Arrieta, *Vinculación de dominio de los recursos minerales…, cit.*, p. 21.

En lo que se refiere a la cuestión ambiental, la doctrina está dividida entre aquellos autores a quienes llama la atención el escaso o nulo interés prestado al medio ambiente por esas ordenanzas tan minuciosamente redactadas[76] y los que destacan que las normas incluían ciertas medidas para evitar los perjuicios que se podían ocasionar a los pueblos, ganados o agricultura y no entorpecer un aprovechamiento posterior de las minas.[77] A modo de ejemplo, se prohibía el desagüe de los lavaderos de las explotaciones a los ríos, arroyos o estanques, correspondiendo a la «Justicia de la mina» en cuyo distrito se hiciera dicho lavadero el controlar el cumplimiento de lo dispuesto:

> [...] y en el tomar de los dichos lavaderos se vayan estacando por la orden que las dichas minas, y sea la medida de sesenta pies en largo, cada pie de á tercia, y doce en ancho para cada lavadero: pero si los lavaderos se hicieren con el agua que se saca de las minas, sin sacarla del rio ni arroyo, no sea obligado á ninguna cosa de las de suso refiridas, sino á hacerlos donde le pareciere cerca de la mina ó fábrica donde se fundieren los metales [...].[78]

Con todo, conviene precisar que la protección jurídica del medio natural se realizaba, sobre todo, desde el derecho privado, básicamente desde la rama civil.[79]

El siglo XVII transcurrió como una centuria de decadencia y atonía minera, que se prolongó hasta casi mediados del XVIII, a pesar del impulso que se quiso dar a la minería peninsular desde la Corona y a los cambios administrativos y judiciales que se sucedieron, como la creación de la Junta de Minas en 1624, en época de Felipe IV, para entender en asuntos de registro, laboreo y cobranzas de impuestos. Una vez derogada esta, se instauró la Junta de Comercio, Moneda y Minas (1747), con jurisdicción privativa de todo lo relativo a minas, entre cuyas competencias estaba la confección de una estadística minera y la creación de la figura del director general de Minas. Esta promoción de la actividad minera, en particular de las minas de carbón, obedecía a la necesidad de hallar una fuente de energía que sustituyera la leña y el carbón vegetal.[80] El motivo, lejos de ser una preocupación ecologista de las autoridades frente a la deforestación, radicaba en que las fuentes de energía tradicionales ya no

---

76 Lo expone Martínez Molina, M., «Legislación minera colonial en tiempos de Felipe II», en Morales Padrón, F. (coord.), XIII Coloquio de Historia Canario-Americana; VIII Congreso Internacional de Historia de América (AEA), 2000, p. 1025.

77 Ramírez Sánchez-Maroto, C., «Evolución histórica de la protección ambiental en la minería en España», *Áreas. Revista Internacional de Ciencias Sociales*, núm. 38, 2019, pp. 19-34.

78 «Nueva Recopilación« IX, 18,4. Indica Jordano Fraga al respecto que «se reconoce la existencia de intereses que exigen la intervención de los poderes públicos, sustrayéndose el conflicto del ámbito privado e imponiéndose medidas tendentes a la evitación de los perjuicios que, incluso más tarde en la ordenanza, se concretan en la forma de fijación de las medidas que han de tener los lavaderos». Llega a insinuar que podríamos estar «ante la primera formulación rudimentaria en materia preambiental del principio quien contamina paga» (Jordano Fraga, cit. p. 30). Cfr. Viguri Perea, Agustín, *Globalización y defensa del medio ambiente en el derecho privado: aplicación del principio «quien contamina paga» y régimen de la responsabilidad civil objetiva: derecho español, europeo, norteamericano y japonés*, Colegio de Registradores de la Propiedad y Mercantiles de España, Madrid, 2009.

79 Zambrana Moral, «La protección de las aguas frente a la contaminación...», cit., p. 599.

80 Villas Tinoco, S. L., «La primera Revolución Industrial», *Boletín de la Academia Malagueña de Ciencias*, núm. 14, 2012, pp. 43-50.

satisfacían las necesidades de la sociedad española. Por ello, todas las leyes más significativas que se dictaron al respecto siguieron una línea de concesión de privilegios y gracias[81] en favor de los explotadores, con la finalidad de fomentar la obtención del carbón de piedra:

* Por resolución en Consejo de Estado y cédula de la Junta de Comercio de 15 de agosto de 1780, la Ley para el «Beneficio de las minas de carbón de piedra; y concesión de privilegios por veinte años para fomentarlo» eximió a los explotadores del derecho del quinto, del diezmo o de cualquier otro tributo de los exigidos habitualmente por la Real Hacienda.

* Por Real orden de 28 de noviembre y cédula del Consejo de 28 de noviembre de 1789, la Ley sobre las «Reglas para el beneficio de las minas de carbón de piedra» declaró que, dado que el carbón no era metal ni semimetal, el beneficio fuera libre, así como su tráfico.

* Por Real Decreto de 18 de agosto y cédula del Consejo de 18 de agosto de 1790, la ley sobre la «Observancia de la Ley precedente, con otras declaraciones para el beneficio de las minas de carbón piedra» aclaraba que el monarca conservaba la regalía sobre las minas.

* Por resolución en Consejo de Estado y cédula de la Junta de Comercio de 24 de agosto de 1792, se derogaban los acuerdos anteriores, y se aprobaba una ley para el «Libre comercio del carbón piedra; y reglas para el beneficio de las minas».

* Por último, por resolución en Consejo de Estado y cédula del Consejo de 5 de agosto de 1793, se aprobó la «Declaración de la ley anterior para beneficio de las minas de carbón de piedra». Tras esto, el desarrollo minero se vio truncado por la guerra de la Independencia española, y la actividad minera no volvió a resurgir hasta el siglo XIX con la promulgación de la Ley General de Minas de 1825.[82]

2.1.4 Edad contemporánea

Entrados en el siglo XIX, se hizo evidente la necesidad de cambio del sector minero para adaptarse al incremento de la demanda de metales y de combustible fruto de la revolución industrial en España. En el plano jurisdiccional, de acuerdo con SÁNCHEZ PICÓN, la reforma liberal de la minería española se movió entre la promulgación de dos leyes decimonónicas esenciales: la de 1825 y la de 1868.[83]

---

81 CALDERÓN BERROCAL, M. C., «La industria minera. Historia, Recursos humanos, Fuentes Documentales y Prevención de Riesgos Laborales», *Tabularium Edit*, vol. 2, núm. 7, 2020, pp. 5-164.

82 ESCRIBANO BOMBÍN, M., *Los espacios mineros abandonados. El caso de la comunidad de Madrid*, tesis doctoral, Universidad Politécnica de Madrid, 2016, p. 26.

83 SÁNCHEZ PICÓN, A., «Expansión minera y reforma liberal. Peculiaridades de un cambio institucional en la España del siglo xix», *Áreas. Revista Internacional de Ciencias Sociales*, núm. 37, 2018, pp. 144-157.

La moderna legislación sobre los recursos minerales comenzó con el Real Decreto de 7 de julio de 1825, considerado como la primera ley de minas, que tuvo, por un lado, el mérito de concretar la regulación del conjunto de la actividad minera y de desarrollar la estructura administrativa encargada de su control,[84] y, por otro, el de permitir superar la política restrictiva estatal que el Antiguo Régimen había instaurado. Pese a que se continuaba proclamando la pertenencia de las minas a la Corona, el decreto posibilitó el desarrollo de la minería privada mediante concesiones, si bien únicamente para los pequeños mineros. Algunos artículos de este real decreto hacían referencia, en alguna medida, a cuestiones que hoy se adscribirían a la protección ambiental, si bien en aquel entonces no obedecían a criterios ambientales, sino a facilitar un aprovechamiento futuro de los recursos, lo que *de facto* suponía una medida con innegable repercusión ambiental.[85]

En los artículos 21 a 23, se reconocía un derecho del uso y aprovechamiento, con arreglo a ordenanzas locales, de las aguas de los ríos, arroyos y manantiales, y a proveerse de leña, madera y carbón. En tal sentido, las consecuencias negativas de miles de pequeñas explotaciones sobre el medio natural cercano no debieron de tardar en hacerse evidentes. El artículo 24 establecía un límite para los edificios que hubieran de construirse en las bocas de las minas, a juicio de los inspectores de estas, «entendiéndose lo mismo del uso y aprovechamiento de aguas y del terreno necesario para los caminos respectivos». Es decir, se planteaba un doble control, el de las ordenanzas locales para uso y aprovechamiento de aguas y el de los inspectores de los entes locales.[86] Por último, es de interés mencionar que el decreto, en su artículo 13, hace por primera vez alusión al concepto de «restauración de minas abandonadas».

Con posterioridad al decreto, la Ley de Minas de 11 de abril de 1849 y su reglamento de ejecución configuraron un nuevo marco institucional que consagraba el principio de titularidad estatal de las minas (y, por consiguiente, la sustitución del principio de regalía por el de dominio público), así como una regulación más concisa de las labores mineras. Es preciso resaltar, a los efectos que aquí nos interesan, que la ley regulaba por primera vez, aunque de forma vaga, la responsabilidad de las empresas en caso de daños producidos por el desarrollo de sus actividades y el resarcimiento de daños y la obligación de pagar compensaciones: «[…] el esplorador queda obligado á indemnizar al propietario del terreno los daños y perjuicios que de cualquier modo le ocasione» (art. 7) o «son igualmente responsables los dueños de minas de todos los daños y perjuicios, que por ocasión de la esplotación puedan sobrevenir á tercero» (art. 14).

Asimismo, se legisló novedosamente en los artículos 27 y 28 del texto acerca de la concesión del aprovechamiento de escoriales, es decir, de «depósitos de escoria

84 Pérez De Perceval Verde, M. A., López-Morell, M. A. y Sánchez Rodríguez, A., *Minería y desarrollo económico en España*, Editorial Síntesis, 2006, p. 72.
85 Ramírez Sánchez-Maroto, «Evolución histórica de la protección ambiental en la minería…», *cit.*, p. 22.
86 Ramírez Sánchez-Maroto, «Evolución histórica de la protección ambiental en la minería…», *cit.*, p. 23.

salida de hornos de beneficio, con contenido de mineral aprovechable»,[87] y la denuncia de estos en minas abandonadas. Finalmente, en materia de salubridad, los artículos 85, 90 y 91 del reglamento de desarrollo establecieron obligaciones de limpieza de particulares y empresas bajo pena de sanción económica (también recogida en el artículo 21 de la ley), al castigar las transgresiones con multa de 400 a 2.000 reales, o el doble si hubiera reincidencia, y el resarcimiento, en todo caso, de daños y perjuicios: «[…] debiendo beneficiarse las minas conforme á las reglas del arte, según prescribe el art. 21 de la ley están sus dueños obligados á tenerlas limpias, desaguadas, ventiladas y bien fortificadas, bajo la multa [..]» (art. 90 del reglamento).

Años más tarde, la Ley de Minas de 6 de julio de 1859 confirmó lo dispuesto en el texto anterior e impuso la obligación de indemnizar los daños y perjuicios causados por los empresarios mineros mediante operaciones de extracción de minerales, ya fuera por convenio o por tasación de peritos (art. 55). Su aplicación constituyó, en aquel entonces, una excepción del principio de responsabilidad por culpa[88] sobre la que se apoyaba la responsabilidad civil en el momento de la aprobación de dicha ley en España.

La tendencia hacia una mayor liberalización del régimen minero, dentro del contexto sociopolítico en el que se encontraba el país en aquella época, hizo que se sucedieran otras dos reformas legislativas más, así como la aprobación de sendos reglamentos. Con este espíritu progresista vio la luz la Ley de Minas del 4 de marzo de 1868, que reformaba, a su vez, la Ley de 1859, y el Reglamento de 24 de junio de 1868,[89] que declaraba las minas propiedad del Estado e incluía en su regulación todas las sustancias mineras. La principal aportación de la nueva legislación consistió en decretar que las concesiones se realizaran a perpetuidad, lo que dio lugar a lo que se conoce hoy en día como la fiebre minera o el *boom* extractivo español.

El artículo 74 de la Ley de Minas aludía a que los «daños y deterioros causados en arbolado y siembras por los humos, gases y sublimaciones procedentes de los hornos de una oficina de beneficio serán indemnizados por el dueño de ésta». Por su parte, también el reglamento contuvo artículos significativos, como el 66, que estipuló en detalle las labores mineras, entre las que se incluían la salubridad y limpieza, y el 67, que exigía la necesidad de control, mediante el libro de visitas rubricado por el alcalde de la jurisdicción, del cumplimiento de las obligaciones del artículo anterior.[90]

87 GAY BARBOSA, D. y GONZÁLEZ, C., *Conceptos de derecho minero*, Serie Materiales de Investigación, Universidad Blas Pascal, núm. 6, 2014, p. 1.
88 RAMÍREZ SÁNCHEZ-MAROTO, «Evolución histórica de la protección ambiental en la minería…», *cit.*, p. 24.
89 El marco jurídico minero era, en realidad, más complejo, puesto que el 29 de diciembre del mismo año se promulgó el Decreto-Ley que establecía la Ley de Bases para una nueva legislación minera, aunque no llegó a tener un desarrollo mediante ley o reglamento. La legislación de minas vigente era la Ley de 6 de julio de 1859, con las reformas hechas por la de 4 de marzo de 1868, en cuanto no estuvieran derogadas sus disposiciones por las Bases Generales de 29 de diciembre de 1868, y la Ley de 24 de julio de 1871, que reformó el artículo 19 de dichas Bases.
90 RAMÍREZ SÁNCHEZ-MAROTO, «Evolución histórica de la protección ambiental en la minería…», *cit.*, p. 25.

El último tercio de siglo estuvo marcado por una profunda crisis económica, política y social que culminó en el año 1898 con la derrota española frente a los Estados Unidos en la guerra que acabaría con las últimas colonias transoceánicas de la monarquía hispana. Por lo que respecta a la minería, se produjo un incremento de las externalidades negativas que ocasionaron serios perjuicios tanto a la salud pública como al entorno. Con todo, la falta de intervención por parte del Estado en materia económica y social se hizo evidente, y la desatención de la Administración al escaso cumplimiento de la normativa minera y demás disposiciones específicas, como la relacionada con la seguridad en el trabajo de los mineros, fueron las notas características de este periodo.[91] En este contexto tan adverso,[92] se aprobó el Código Civil de 1889 a través del Real Decreto de 24 de julio 1889, que en su artículo 1.902 regulaba la responsabilidad civil extracontractual a la vez que, en su artículo 1.908,[93] hacía una referencia expresa a la obligación del pago de compensaciones a aquellos que causaran daños «por los humos excesivos que sean nocivos a las personas o a las propiedades». A su vez, en su artículo 590 fijaba medidas de carácter preventivo en relación con las distancias que se tenían que guardar por parte de las fábricas o instalaciones que fueran nocivas o peligrosas, de acuerdo con los reglamentos existentes y usos del lugar. Así, en defecto de un régimen de tutela jurídico-privada frente a las inmisiones, la doctrina y la jurisprudencia construyeron una teoría de las inmisiones basada en varios artículos del Código Civil, en sede de relaciones de vecindad, para determinar los límites a partir de los cuales una conducta nociva podía considerarse abusiva o no. En paralelo, se habían aprobado el Reglamento de Policía Minera, promulgado el 15 de julio de 1897, que regulaba aspectos de seguridad y salud de la mina, y el Reglamento Provisional para la indemnización de los daños y perjuicios causados a la agricultura por las industrias mineras, de 18 de diciembre de 1890, el cual abrió la vía administrativa para prevenir el daño de uso de una concesión administrativa como alternativa a la jurisdicción ordinaria: «[…] los que se consideren perjudicados en sus bienes, con ocasión del beneficio de minerales […] podrán reclamar ante el Gobernador de la provincia la indemnización á que estimaren tener derecho» (art. 1).

---

91 Ramírez Sánchez-Maroto, «Evolución histórica de la protección ambiental en la minería…», *cit.*, p. 26.

92 A la hora de abordar el alcance de los problemas de contaminación de la época, es preciso hacer mención a la manifestación de agricultores y mineros de río Tinto llevada a cabo el 4 de febrero de 1888 contra el sistema de beneficio del mineral de cobre, las calcinaciones al aire libre o teleras y los humos insalubres, que terminó trágicamente con un número nunca aclarado de muertos y heridos. *Vid.* Ferrero Blanco, M. D., «Los sucesos de Riotinto de 1888 según los directores de la Rio Tinto Company Limited», *Revista de historia industrial*, núm. 14, 1998, pp. 43-82.

93 Según Kubica, M. L., *El riesgo y la responsabilidad objetiva*, tesis doctoral, Universidad de Girona, 2015, p. 405 y ss., «un sector amplio de la doctrina considera que el art. 1908, 2º CC, redactado a finales del siglo xix y, por tanto, algo anacrónico, aparte de aplicarse al supuesto de humos, es extensible de forma analógica a otras inmisiones como olores, gases, ruidos, vibraciones, etc.». Además, la jurisprudencia española ha reconocido como subsumibles dentro del citado precepto casos de daños producidos por el polvo procedente de explotaciones mineras o industriales (*Vid.* Sentencia del Tribunal Supremo de 15 de marzo de 1993, FJ 3).

En las primeras décadas del siglo xx, la presión social y de las ligas antihumistas llevaron a la aprobación, por Real Decreto del 16 de noviembre de 1900, del Reglamento «sobre enturbiamiento e infección de los cauces con líquidos procedentes del lavado de minerales o con los residuos de las fábricas», que, básicamente, prohibió el vertido al cauce de arroyos, vías, ríos y bahías de aguas turbias o sucias procedentes del lavado de minerales que contuvieran en suspensión o disolución materias contaminantes.

Entre las disposiciones que se fueron aprobando posteriormente, merecen destacarse:

- El Real Decreto de 12 de abril de 1907, sobre «Reglas para la correcta y armónica aplicación de las Leyes de Minas, de desagüe forzoso, de aguas y de expropiación», que estipulaba las condiciones de desagüe minero, la tramitación de expedientes de indemnización por daños derivados de los residuos en las aguas y los pasos de depuración previos a un vertido.[94]

- La Real Orden de 17 de noviembre de 1925, por la que se publicó el «Reglamento y nomenclátor de establecimientos incómodos, insalubres y peligrosos». Algunos de sus aspectos destacables fueron la definición de establecimiento incómodo, insalubre y peligroso, las normas para su clasificación, las medidas preventivas especiales para algunas industrias y la enumeración de los efectos contaminantes de las industrias.[95]

- La Constitución de 9 de diciembre de 1931, que, como hecho novedoso en una carta magna, mencionó la materia de minería, reservándose la competencia legislativa y otorgando la de ejecución sobre el régimen minero a las regiones autónomas, en su Título I, denominado «Organización Nacional» (artículo 15).

- La Ley de Minas de 19 de julio de 1944, que derogó de forma expresa la normativa anterior relacionada con la minería y sentó el principio de que todas las sustancias minerales existentes en la nación le pertenecían a ella, en cuyo nombre el Estado, en razón del mayor interés, podía explotarlas directamente o ceder a otros su aprovechamiento. La ley constituyó un antes y un después en la gestión y aprovechamiento de los residuos mineros dado que ampliaba el concepto de recurso minero a todas aquellas sustancias residuales derivadas de la propia explotación. Sin embargo, como señalan autores como Fernández-Espinar,[96] «la ley prestó poca atención al impacto ambiental de las industrias extractivas» y no contempló demasiadas medidas para prevenir la contamina-

94 Junceda Moreno, J., «Los residuos mineros. Disciplina extractiva y ambiental a la luz del derecho histórico, régimen vigente y experiencias», *Revista de derecho urbanístico y medio ambiente*, 2004, pp. 175-218.

95 Almuedo Palma, J., «La primera normativa legal española sobre los efectos medioambientales de la industrialización en las ciudades», *Ería: Revista cuatrimestral de geografía*, núm. 56, 2001, pp. 228-233.

96 Fernández-Espinar López, L. C., «El conflicto de intereses entre el medio ambiente y el desarrollo del sector económico minero», *Revista de Administración Pública*, núm. 111, 1986, pp. 237-274.

ción. Ahora bien, hay alguna mención destacable, como la de que todas las explotaciones debían estar sujetas a inspección y vigilancia del Cuerpo Nacional de Ingenieros de Minas de Estado (art. 36); la obligación de los concesionarios de mantener los trabajos de conservación, vigilancia, ventilación y desagüe (art. 32), facilitar el desagüe y ventilación de las minas colindantes o próximas y permitir el paso (art. 37); la regulación de la responsabilidad de los titulares de permisos de concesión por los daños y perjuicios que ocasionaran en sus trabajos por acumulación de aguas, invasión de gases y en la gestión de la explotación y su entorno natural (art. 38); y la protección de los manantiales (art. 39). Asimismo, se establecían las correspondientes indemnizaciones por daños y perjuicios y la responsabilidad civil y, en su caso, criminal.

+ El Real Decreto 2414/1961, de 30 de noviembre, por el que se aprobó el Reglamento de actividades molestas, insalubres, nocivas y peligrosas, cuyo objeto, que tuvo más que ver con motivos de salubridad pública que con el concepto actual de medio ambiente, fue el de evitar que las instalaciones, establecimientos, actividades, industrias o almacenes, oficiales o particulares, públicos o privados, produjeran incomodidades, alteraran las exigencias normales de salubridad e higiene del medio ambiente ocasionando daños a las riquezas públicas o privadas, o implicaran riesgos graves para las personas o los bienes.

Los procesos de extracción y aprovechamiento de los recursos minerales tuvieron la consideración en dicho reglamento de actividad molesta, al producir ruidos, vibraciones, gases y polvo, y también fueron clasificados como insalubres (principalmente por el vertido de aguas residuales), como nocivos (arts. 16 a 19) y como actividades peligrosas (arts. 20 a 28), sobre todo por el uso de explosivos, con la consiguiente sujeción a licencia municipal.

Es significativa la exigencia[97] del artículo 29 y siguientes con respecto a la solicitud de concesión de licencia municipal de toda aquella actividad minera comprendida en el reglamento y, en todo caso, que figurase en el nomenclátor, debiéndose presentar la instancia dirigida al alcalde correspondiente con un proyecto técnico y una memoria descriptiva con el detalle de las características de la actividad, el epígrafe del nomenclátor en el que estaba incluida la actividad, su emplazamiento y la posible repercusión sobre la sanidad ambiental, así como los sistemas correctores que se proponían utilizar, con expresión de su grado de eficacia y garantía de seguridad.

---

97 Sin embargo, señala Quintana López, T., «La alteración física del medio, movimientos de tierras y actividades extractivas», *Derecho del Medio Ambiente y Administración Local*, 2006, pp. 533-560, que «en general, las explotaciones minerales durante mucho tiempo no se han visto sometidas a la citada disposición, realidad que en gran medida se explica por la aplicación a estas actividades de la normativa sectorial y el sometimiento a los órganos administrativos encargados de aplicarla, tal y como ha ocurrido con la normativa de protección de ambiente atmosférico».

El reglamento fue formalmente derogado por la Ley 34/2007, de 15 de noviembre, de Calidad del Aire y Protección de la Atmósfera. No obstante, la derogación que se llevó a cabo no fue total, sino que mantuvo su vigencia en aquellas comunidades autónomas que no tenían aprobada una regulación sobre la materia mientras no se dictara dicha normativa.

Por último, y como ya avanzamos en el primer capítulo, tras la celebración de la Conferencia de las Naciones Unidas sobre el Medio Humano de 1972, se promulgó la vigente Ley de Minas, de 21 de julio de 1973, cuyo cometido fue la revisión de la Ley de Minas de 1944 para adaptarla a las variaciones de orden técnico y económico del momento.[98] Su entrada en vigor satisfizo las aspiraciones contenidas en la Ley de 11 de febrero de 1969, a través de la cual se aprobó el II Plan de Desarrollo Económico y Social, que establecía en su artículo 1, como finalidad primordial, «la ordenación de todos los recursos disponibles al servicio del hombre», y señalaba en el artículo 6. a) que se concedería especial atención «a los recursos naturales» mediante la elaboración de un Programa Nacional de Investigación Minera.

En aquel momento preconstitucional, la ley no contempló previsión alguna sobre la posibilidad de limitar las actividades extractivas por razones ambientales, a pesar de que la degradación del medio ambiente ya representaba un inconveniente reconocido a nivel mundial por la nueva conciencia ambiental internacional emergente. Más bien al contrario, el legislador, en el preámbulo, alegaba principalmente motivos económicos para acometer la actualización y revisión de la Ley de Minas de 1944: «[…] la comprobada inactividad en gran parte de ellos [registros mineros], el reconocimiento insuficiente de muchos yacimientos, su deficiente aprovechamiento a causa de la utilización de procedimientos y técnicas anticuadas, el minifundismo existente y otros factores similares».

Pero antes de entrar a analizar la actual Ley de Minas y el resto del marco jurídico vigente, veamos breve y previamente el reparto competencial entre el Estado, las comunidades autónomas y las entidades locales en lo concerniente al sector de la minería.

---

98 Lo establece su preámbulo cuando señala que «salvando las inevitables y lógicas imperfecciones de todo texto legal, la eficacia de la Ley de Minas de diecinueve de julio de mil novecientos cuarenta y cuatro, como instrumento jurídico ordenador de una riqueza fundamental en la vida económica del país, ha quedado patentemente demostrada durante los veintinueve años de su vigencia. Se ha pretendido, por ello, conseguir únicamente una adaptación de sus preceptos al cuadro general en que se mueve hoy día la economía industrial del país, estableciendo los medios legales apropiados para asegurar la puesta en práctica de cuanto se contiene en el Plan Nacional de la Minería y, al propio tiempo, dar solución adecuada a distintos problemas que la aplicación de dicha Ley había puesto de manifiesto a lo largo de estos años».

2.2 Una cuestión previa: competencias de la Administración del Estado, las comunidades autónomas y los entes locales

Sobre la base de las consideraciones precedentes, debe tenerse presente que la normativa de referencia a nivel estatal —esto es, la vigente Ley de Minas, el Real Decreto 2857/1978, de 25 de agosto, que aprueba el Reglamento General para el Régimen de la Minería, y la Ley 6/1977, de 4 de enero, de Fomento de la Minería— es cronológicamente anterior al marco de distribución competencial plasmado en el texto constitucional.

Resaltado esto, no resulta ocioso recordar que, a raíz de la promulgación de la Constitución española de 1978, el Estado queda configurado como un Estado descentralizado, en contraposición al modelo territorial previo a la llegada de la democracia, en el que se reconoce y garantiza el derecho a la autonomía de las nacionalidades y regiones que lo integran. Cada una de las comunidades que conforman este Estado autonómico goza, así, de autonomía para la gestión de sus respectivos intereses (art. 137 CE).

Recordemos de nuevo que, según la Constitución, el Estado tiene competencia general para la regulación de las bases[99] y la coordinación de la planificación general de la actividad económica (artículo 149.1.13 CE), y para la legislación básica sobre concesiones administrativas (artículo 149.1.18 CE). En lo que atañe específicamente a la materia minera, el Estado tiene también la competencia exclusiva en las bases del régimen minero (artículo 149.1.25 CE). Con base en lo anterior[100] se articula el reparto de competencias en el sector minero entre el Estado y las comunidades autónomas, en los términos que expondremos a continuación.

Junto a lo anterior, hemos de hacer referencia al artículo 148 CE, que establece de forma expresa aquellas materias sobre las que las comunidades autónomas pueden asumir competencias, algunas de ellas con gran relevancia económica y social,

---

99 Pone de manifiesto Alberti, E., «El blindaje de las competencias y la reforma estatutaria», *Revista catalana de dret públic*, núm. 31, 2005, pp. 3-5, «el alcance excesivo que el Estado ha otorgado a sus bases, en el ejercicio de las competencias de este tipo que le reserva la Constitución», pues, más allá de principios y criterios generales de ordenación establecidos a través de una ley marco a partir de la cual pueda actuar la correspondiente CA, ha representado, en no pocas ocasiones, una normación completa y acabada del derecho en cuestión. La heterogénea jurisprudencia del TC al respecto ha impuesto en ocasiones ciertos límites a este vaciado competencial autónomico, si bien, por lo general, ha amparado el uso extensivo que el Estado ha venido haciendo de esta competencia. Como ejemplos, *vid.* las sentencias STC 32/1981, de 28 de julio, STC 37/1987, de 26 de marzo, STC 61/1997, de 20 de marzo, STC 6/2015, de 22 de enero, STC 27/2017, de 16 de febrero, y STC 65/2020, de 18 de junio.

100 Con independencia de que se entrecrucen otros títulos competenciales constitucionales significativos, como el artículo 149.1.23 CE, que atribuye al Estado competencia exclusiva en la legislación básica sobre protección del medio ambiente, los artículos 40.1 y 131.1 CE, que recogen los objetivos esenciales de progreso social y económico y armonización de desarrollo regional en la planificación de la actividad económica, el artículo 148.1.10 CE, relativo a las competencias autónomicas sobre aguas minerales y termales, y el artículo 148.1.13 CE, que reconoce a las comunidades autónomas la posibilidad de asumir competencias para el fomento del desarrollo económico de cada región dentro de los objetivos marcados por la política económica nacional.

y, a la vez, reserva al Estado una serie de materias sobre las que tiene competencia exclusiva,[101] detallándolas en su artículo 149 con el matiz de su apartado tercero, que especifica lo siguiente:

> Las materias no atribuidas expresamente al Estado por esta Constitución podrán corresponder a las Comunidades Autónomas, en virtud de sus respectivos Estatutos. La competencia sobre las materias que no se hayan asumido por los Estatutos de Autonomía corresponderá al Estado, cuyas normas prevalecerán, en caso de conflicto, sobre las de las Comunidades Autónomas en todo lo que no esté atribuido a la exclusiva competencia de éstas. El derecho estatal será, en todo caso, supletorio del derecho de las Comunidades Autónomas.

Esta disposición ha posibilitado que las comunidades autónomas hayan adquirido competencias en principio no expresamente señaladas como adecuadas para ser asumidas por ellas, conocidas como residuales.[102] Además, interesa destacar que la Carta Magna prevé expresamente unas vías de revisión o remodelación del reparto competencial a través de la previsión del artículo 150.2 CE, que permite la trasferencia o delegación, mediante ley orgánica, de facultades correspondientes a materias de titularidad estatal, en aras de aumentar la reserva de competencias de las comunidades autónomas,[103] tanto las legislativas que les delegue el Estado como las transferencias de facultades ejecutivas y de gestión de servicios estatales,[104] pero desde una posición subsidiaria con base en lo ya establecido en los estatutos de autonomía.[105] Asimismo, no se

---

101 La STC 35/1982, de 14 de junio, distingue entre los supuestos de reserva total de una materia, y, por tanto, de todas las potestades ejercitables en ese ámbito, y reserva de potestades concretas (FJ 2).

102 Sobre esta regla, dice la STC 1/1982 (y en el mismo sentido, las SSTC 44/1982 y 82/1984) que «el hecho de que en una determinada materia la Constitución solo atribuya al Estado la fijación de sus bases no significa, en modo alguno, que a una Comunidad determinada le corresponda, sin más, la regulación de todo lo que no sea básico, pues a cada Comunidad solo le corresponderán aquellas competencias que haya asumido en su Estatuto, perteneciendo las demás al Estado, tal como dispone, en términos inequívocos, el artículo 149.3 de la Constitución» (FJ 1).

103 Sobre transferencias en materia de minería y protección del medio ambiente en Cataluña, vid. Real Decreto 1950/1980, de 31 de julio, sobre traspaso de servicios del Estado a la Generalidad de Cataluña en materia de conservación de la naturaleza; Real Decreto 738/1981, de 9 de enero, sobre traspaso de servicios del Estado a la Generalidad de Cataluña en materia de Industria, Energía y Minas; Real Decreto 1036/1984, de 9 de mayo, por el que se aprueba acuerdo sobre ampliación del traspaso, funciones y servicios a la Generalidad de Cataluña en materia de industria, energía y minas; y Real Decreto 756/1987, de 5 de junio, sobre ampliación de funciones traspasadas a la Generalidad de Cataluña en materia de industria, energía y minas.

104 Aclara GARRIDO FALLA, F., «El desarrollo de las normas básicas y leyes marco estatales por las Comunidades Autónomas», Revista de Administración Pública, núm. 94, 1981, pp. 13-32, que «la relación "ley base-ley desarrollo" produce sus efectos jurídicos en ambas direcciones (del Estado a la Comunidad Autónoma y viceversa). En primer lugar, supone que dictada la ley de bases, la ley de desarrollo ha de respetar tales bases; pero asimismo significa que la atribución constitucional al Estado lo es para dictar solamente las bases (de la materia de que se trate) y que invade la competencia de la Comunidad Autónoma si dicta un auténtico texto articulado que bloquee, literalmente hablando, la posibilidad de una legislación de desarrollo atribuida (también constitucionalmente o en el respectivo Estatuto de Autonomía) a la Comunidad Autónoma. Ambos supuestos son obviamente fiscalizables por el Tribunal Constitucional».

105 La Sentencia del Tribunal Constitucional 15/1989, de 26 de enero, indica claramente en su FJ 11 que la regla constitucional de distribución de competencias entre el Estado y las comunidades autónomas se concreta por el juego combinado de la Constitución y los estatutos de autonomía y, residualmente, por las leyes orgánicas a que se refiere el artículo 150.2 de la CE.

puede dejar de señalar, en el marco de delimitación de competencias, el papel esencial del Tribunal Constitucional en la construcción del Estado de las Autonomías, que ha sido decisivo tanto a la hora de fijar el alcance de las diversas materias a los efectos del reparto de competencias como en la resolución de los casos de entrecruzamiento o yuxtaposición de estas.

Así las cosas, a partir de dicho reparto competencial las comunidades han podido ir asumiendo las facultades no reservadas exclusivamente al Estado, incorporándolas al contenido de sus respectivos estatutos de autonomía, y, en el caso de que alguna comunidad no haya contemplado en su estatuto alguna competencia concreta que podría haber ejercido, se la ha atribuido el Estado para evitar un posible vacío normativo, en virtud de la cláusula supletoria del artículo 149.3 CE. Como destaca SÁNCHEZ SÁEZ,[106] hoy por hoy, las comunidades autónomas tienen atribuidas la mayor parte de las competencias de desarrollo normativo y de ejecución de la legislación básica del régimen minero, aunque esto no haya sido siempre igual.[107]

La Ley Orgánica 9/1992, de 23 de diciembre,[108] de transferencia de competencias a Comunidades Autónomas que accedieron a la autonomía por la vía del artículo 143 de la Constitución, se ocupó de transferir determinadas competencias de titularidad estatal, entre ellas, el desarrollo legislativo y la ejecución de las de régimen minero,[109] así como el dictado de normas relacionadas con las industrias sujetas a la legislación de minas, a aquellas comunidades autónomas que no las asumieron desde un primer momento en sus estatutos de autonomía.[110] El artículo 3 d) de dicha ley establece que «se transfiere a las Comunidades Autónomas de Asturias, Cantabria, La Rioja, Región de Murcia, Aragón, Castilla-La Mancha, Extremadura, Islas Baleares,

---

106 SÁNCHEZ SÁEZ, A. J., «Un enfoque teleológico de la distribución de las competencias ambientales entre el Estado y las Comunidades Autónomas en España», *Revista Aranzadi de Derecho Ambiental*, núm. 5, 2004, p. 125.

107 El País Vasco, Cataluña y Galicia fueron las primeras comunidades autónomas que surgieron, y su acceso a la autonomía y la elaboración de sus respectivos estatutos (aprobados, en los dos primeros casos, el 18 de diciembre de 1979 y, en el último, el 6 de abril de 1981) se llevaron a cabo por la vía rápida del artículo 151.2 CE y la disposición transitoria 2ª. Andalucía, por su parte, acudió a lo previsto en el artículo 151.1 CE y obtuvo su estatuto el 30 de diciembre de 1981. Los demás territorios, en cambio, accederían a la autonomía por la vía lenta del artículo 143 CE y, por ello, con menor amplitud competencial, con la excepción de Navarra, que accedería a la autonomía plena a través de lo previsto en la disposición adicional 1ª CE, y de Valencia y Canarias, que, pese a acceder a la autonomía por el artículo 143 CE, recibirían otras competencias a través de sendas leyes orgánicas de transferencias, según lo previsto en el artículo 150.2 CE (Estatuto de Valencia de 1 de julio de 1982 y Ley Orgánica de transferencia de 10 de agosto de 1982; Estatuto de Canarias de 10 de agosto de 1982 y Ley Orgánica de transferencia de la misma fecha). Para mayor detalle, *vid.* ARAGÓN REYES, M., «La construcción del Estado autonómico», *Cuadernos Constitucionales de la Cátedra Fadrique Furió Ceriol*, núm. 54/55, 2006, pp. 75-95.

108 Los Acuerdos Autonómicos de 1992 vinieron motivados por la necesidad de paliar la asimetría competencial entre las distintas comunidades. En esa fecha ya se había traspasado el límite temporal de cinco años previsto en el artículo 148.2 CE para la ampliación competencial de aquellas que accedieron a la autonomía por la vía del artículo 143 CE y que inicialmente no pudieron abarcar más que lo indicado por el 148.1 CE.

109 *Vid.* artículos 3 y 9.

110 PÉREZ MARTOS, J., «Veinte años de jurisprudencia constitucional sobre medio ambiente», *Revista de estudios de la administración local*, núm. 286-287, 2001, pp. 385-431.

Madrid y Castilla y León en el marco de la legislación básica del Estado y, en su caso, en los términos que la misma establezca, el desarrollo legislativo y la ejecución, en las siguientes materias: (…) d) Régimen minero y energético». De este modo, actualmente, las competencias de las respectivas comunidades autónomas sobre el desarrollo legislativo y la ejecución de las bases estatales sobre el régimen minero están recogidas en cada uno de sus estatutos de autonomía en los siguientes preceptos: EA Cataluña (art. 133); EA País Vasco (art. 11.2 c); EA Navarra (art. 57 f); EA Galicia (art. 28.3); EA Andalucía (art. 49); EA Extremadura (art. 10.7); EA Asturias (art. 11.6); EA Cantabria (art. 25.8); EA la Rioja (art. 9.2); EA Madrid (art. 27.8); EA Valencia (art. 50.5); EA Murcia (art. 11.4); EA Aragón (art. 75.2); EA Castilla-La Mancha (art. 32.8); EA Castilla y León (art. 71.10); EA Canarias (art. 163.1.c); y EA Baleares (art. 31.15). De esta suerte, los territorios han venido adquiriendo con el tiempo, a través de sus respectivos estatutos de autonomía, un contenido por lo que respecta al régimen minero relativamente homogéneo.

De lo expuesto hasta este momento se puede deducir que la regulación y el control de las minas y de los recursos mineros, así como de las actividades extractivas, es una competencia compartida entre el Estado y las comunidades autónomas, correspondiendo al Estado establecer las bases del régimen minero y a las comunidades autónomas llevar a cabo el desarrollo legislativo y las competencias de ejecución de la legislación básica del Estado (competencias administrativas, entre otras, para el otorgamiento de permisos, autorizaciones o concesiones, para la vigilancia e inspección y para la imposición de sanciones). En este sentido, la tardanza estatal en aprobar una norma legal básica en materia de minas, en cumplimiento de lo dispuesto en el artículo 149.1.25 de la Constitución, hace que se mantenga vigente una legislación estatal sin adaptar al nuevo régimen de distribución de competencias e inadecuada para la situación y los problemas actuales de las actividades extractivas. De esta forma, como reconoce alguna legislación sectorial autonómica, «la regulación vigente desconoce el reparto competencial entre el Estado y las Comunidades Autónomas, está desfasada desde el punto de vista organizativo y no responde a las necesidades de planificación estratégica del sector, ni ofrece un marco de intervención administrativa ágil y moderno».[111] El Tribunal Constitucional ha dejado clara su postura al respecto ya desde una de las primeras sentencias de marcado significado en el ámbito del medio ambiente,[112] y es la de que la «legislación minera ha de contemplarse en su conjunto y, sobre todo, tratándose de una legislación en su núcleo básico preconstitucional, ha de interpretarse a la luz de los preceptos constitucionales y en este caso, particularmente del artículo 45 de la norma suprema». La ausencia de legislación básica aprobada con posterioridad al texto constitucional no puede impedir a «las Comunidades Autóno-

---

111 Ley 3/2008, de 23 de mayo, de ordenación de la minería de Galicia.
112 Sentencia del Tribunal Constitucional 64/1982, de 4 de noviembre (FJ 5).

mas ejercer su competencia legislativa siempre que se respeten las bases o normas básicas entendidas como nociones materiales que se deduzcan racionalmente de la legislación vigente, estén o no formuladas de forma expresa, y sin perjuicio de que el Estado pueda dictar en el futuro tales normas».

A propósito de la mención al artículo 45 CE, dentro del encuadre competencial en materia minera no puede obviarse el reparto de competencias entre el Estado y las comunidades autónomas, que tiene su base en los artículos 148.1.9 y 149.1.23 CE y, ciertamente, en las disposiciones concordantes de los diferentes estatutos de autonomía. El primero de los referidos preceptos dispone que «las Comunidades Autónomas podrán asumir competencias en las siguientes materias: [...] 9.ª La gestión en materia de protección del medio ambiente»; mientras que el artículo 149.1.23 establece, por su parte, que «el Estado tiene competencia exclusiva sobre las siguientes materias: [...] 23.ª Legislación básica sobre protección del medio ambiente, sin perjuicio de las facultades de las Comunidades Autónomas de establecer normas adicionales de protección [...]». Esta conexión legal implica que la CE otorga al Estado la competencia de emanar legislación básica o, dicho con las palabras del Alto Tribunal,[113] «normas que impongan un encuadramiento de la política global en materia de medio ambiente, dado el carácter internacional que tiene la regulación en esta materia», y a las CC. AA. la de establecer normas adicionales de protección, no solo de ejecución, sino también de desarrollo legislativo, que han sido recogidas con diferente tenor por la totalidad de los postulados estatutarios. Partiendo de esta base normativa, el TC ha precisado[114] que dichas normas adicionales o este plus de protección cumplen una función no de uniformidad relativa, sino de ordenación mediante mínimos que han de respetarse en todo caso, «pero que pueden permitir que cada una de las Comunidades Autónomas con competencias en la materia establezca niveles de protección más altos, que no entrarían por sólo eso en contradicción con la normativa básica del Estado sobre protección del medio ambiente, siendo el sentido del texto constitucional el de que las bases estatales son de carácter mínimo y, por tanto, los niveles de protección que establecen pueden ser ampliados o mejorados por la normativa autonómica. En definitiva, la protección concedida por la Ley estatal puede ser ampliada y mejorada por la Ley autonómica; lo que resulta constitucionalmente improcedente es que resulte restringida o disminuida». Todo esto supone, en la práctica, que dentro del marco de política global del medio ambiente y de respeto al principio de solidaridad sea constitucionalmente posible una diversidad de regulaciones.

Retomando la interpretación sobre el reparto competencial en materia minera *stricto sensu*, debe atenderse ahora a otros preceptos relacionados, como lo es, sin duda,

---

113 Sentencia del Tribunal Constitucional 64/1982, de 4 de noviembre (FJ 4).
114 Sentencia del Tribunal Constitucional 166/2002, de 18 de septiembre (FJ 9).

el artículo 2.1 de la Ley de Minas,[115] que constituye una declaración expresa de que los yacimientos de origen natural y demás recursos geológicos existentes en el territorio nacional, mar territorial y plataforma continental forman parte integrante del dominio público del Estado,[116] debido a la conexión que guardan con la atribución que, con tal naturaleza, hace el artículo 132.2 de la Constitución a favor de la zona marítimo-terrestre, las playas, el mar territorial y los recursos naturales de la zona económica y la plataforma continental.[117]

A su vez, existen otros títulos competenciales que también inciden sobre las actividades extractivas. Así, las explotaciones mineras, dado que implican un uso intenso del suelo, van a resultar afectadas por el ejercicio de las competencias administrativas sobre ordenación del territorio y urbanismo.[118] Si bien es cierto que del artículo 148.1.3 de la Constitución se deriva que el urbanismo y la ordenación territorial son competencia exclusiva de las comunidades autónomas, ello ha de entenderse sin perjuicio de las competencias propias de los municipios, cuya autonomía está garantizada por los artículos 137 y 140 del texto constitucional. En este contexto, el artículo 25.2.a) de la Ley 7/1985, de 2 de abril, Reguladora de las Bases del Régimen Local (en adelante, LBRL), obliga a la legislación sectorial a asignar en todo caso a los municipios competencias en materia de «ordenación, gestión, ejecución y disciplina urbanística».

Pues bien, el importante papel que corresponde al municipio en la determinación de la ordenación urbanística de su territorio ha sido puesto de relieve por el Tribunal Constitucional en varias ocasiones. Según su Sentencia 51/2004,[119] de 13 de abril, «la decisión sobre la configuración del asentamiento urbano municipal en que consiste el

---

115 El artículo 2.1 de la Ley de Minas afirma que «todos los yacimientos de origen natural y demás recursos geológicos existentes en el territorio nacional, mar territorial y plataforma continental, son bienes de dominio público, cuya investigación y aprovechamiento el Estado podrá asumir directamente o ceder en la forma y condiciones que se establecen en la presente Ley y demás disposiciones vigentes en cada caso».

116 Vid. MOREU CARBONELL, E., «Desmitificación, privatización y globalización de los bienes públicos: del dominio público a las obligaciones de dominio público», Revista de Administración Pública, 161, 2003, pp. 435-477, donde la autora destaca la paradoja derivada del hecho de que los recursos mineros constituyan una auténtica propiedad privada del explotador y que la finalidad de la concesión minera sea su puesta en el mercado.

117 Consideramos interesante la aportación de LÓPEZ RAMÓN, F., Sistema jurídico de los bienes públicos, Civitas Thomson-Reuters, Pamplona, 2012, p. 257, cuando entiende que, a pesar de ser inequívoca la declaración demanial de los recursos mineros en la Ley de Minas, en el régimen minero se constata la ausencia de las características propias de los bienes de dominio público: en primer lugar, la propia titularidad pública sobre todos los recursos geológicos; en segundo lugar, la no concurrencia de la afectación del bien a un uso o servicio público, que es sustituido por el fomento de la riqueza nacional (art. 339.2 CC); en tercer lugar, la falta de los medios de defensa y de conservación del bien; y, en cuarto lugar, el hecho de que no se requiera la intervención administrativa para la constitución de un uso privativo, dado que el aprovechamiento de algunos recursos mineros se atribuye legalmente al propietario del fundo.

118 En palabras de la Sentencia del Tribunal Constitucional 77/1984, de 3 de julio, «la competencia de ordenación del territorio y urbanismo tiene por objeto la actividad consistente en la delimitación de los diversos usos a que pueda destinarse el suelo o espacio físico territorial» (FJ 2).

119 También, en la STC 164/2001, de 11 de julio, el Tribunal considera «inherente a su propia regulación la existencia del planeamiento urbanístico, esto es, de aquel instrumento de ordenación que determine el haz de facultades urbanísticas sobre cada terreno» (FJ 6).

Plan de urbanismo (marco regulador del espacio físico de la convivencia de los vecinos) es una tarea comprendida prioritariamente en el ámbito de los intereses del municipio, y sobre aquella decisión se proyectan, por tanto, de forma especialmente intensa las exigencias de la autonomía municipal». Si bien es posible también la intervención de otras administraciones públicas, por la imbricación de intereses diversos que se proyectan sobre el mismo territorio, esta intervención «no ha de oscurecer el principio de que la ordenación urbanística del territorio municipal es tarea que fundamentalmente corresponde al municipio, y que la intervención de otras Administraciones se justifica sólo en la medida en que concurran intereses de carácter supramunicipal o controles de legalidad que, de conformidad con el bloque de la constitucionalidad, se atribuyan a las Administraciones supraordenadas sobre las inferiores» (FJ 12).

Como resaltan RIVERO YSERN y MONTOYA MARTÍN,[120] «es preciso distinguir entre titularidad de los bienes demaniales y el ejercicio de las competencias sobre los mismos, dado que esa titularidad estatal en absoluto predetermina el ejercicio de las competencias sobre los bienes porque en este punto los títulos competenciales se pueden entrecruzar, como de hecho lo hacen».[121] Por ello, y dado que el aprovechamiento de los yacimientos minerales y demás recursos geológicos tiene lugar en el espacio físico en que se llevan a cabo dichas competencias, es inevitable que la explotación quede afectada por el ejercicio de dichas atribuciones. Tal reconocimiento de competencias municipales en terrenos afectados por concesiones, autorizaciones y permisos administrativos se ha consolidado a través de diversas sentencias del Tribunal Supremo,[122] hasta el punto de admitir la compatibilidad de competencias de distintos entes de carácter territorial sobre un mismo terreno, sin que el carácter demanial de los recursos minerales y las normas aplicables a su régimen especial obsten para el ejercicio por los ayuntamientos de las competencias conferidas en materia de suelo y de actividades industriales, no pudiendo, en consecuencia, estar limitada dicha competencia municipal urbanística por competencias estatales o autonómicas en materia de minas.

Por otra parte, hoy en día es cuestión pacífica que para realizar movimientos de tierras en las canteras y en las explotaciones mineras en zonas planificadas es necesario obtener la correspondiente licencia urbanística municipal.[123] Así, tras la aprobación de

---

120 RIVERO YSERN, J. L. y MONTOYA MARTÍN, E., «Una nueva oportunidad para la minería metálica: la reapertura de la mina de Aznalcóllar en Sevilla», *Revista Andaluza de Administración Pública*, núm. 91, 2015, pp. 37-90.

121 En este sentido, la Sentencia del Tribunal Constitucional 77/1984, de 3 de julio. Ambos órdenes de competencia se desarrollan en niveles distintos, cuyas regulaciones responden a necesidades y objetivos diferenciados, sin perjuicio de la coordinación correspondiente, ya que, evidentemente, pueden concurrir sobre idéntico espacio físico.

122 En este sentido se pronuncia la Sentencia del Tribunal Supremo de 17 de marzo de 1980 (CA 1) y la Sentencia del Tribunal Supremo de 31 de mayo de 2002 (FJ 3).

123 La licencia municipal no condiciona o determina la existencia del resto de las necesarias para el ejercicio legal de la actividad, como ha indicado el Tribunal Supremo en su Sentencia de 23 de enero de 2003 (FJ 2). La doctrina, por su parte, ya ha reclamado la necesidad de regular como solución del problema minero-ambiental un único procedimiento administrativo que integre el título minero con el control medioambiental y urbanístico. *Vid.* RENAU FAUBELL, F., «Tratamiento urbanístico de las actividades mineras», *Revista de Derecho Urbanístico y Medio Ambiente*, núm. 219, 2005, pp. 131-176.

la Ley de Régimen Local de 1955[124] y de la primera Ley de 12 de mayo de 1956 sobre régimen del suelo y ordenación urbana, en las que se atribuye un elenco significativo de competencias a los municipios, la jurisprudencia[125] estableció la necesidad de obtener también licencia urbanística municipal para el inicio de las actividades mineras, con independencia de las autorizaciones y concesiones mineras. Dicho requerimiento lo recoge hoy expresamente el artículo 178 del Real Decreto 1346/1976, de 9 de abril, por el que se aprueba el texto refundido de la Ley sobre Régimen del Suelo y Ordenación Urbana, que está vigente como legislación supletoria y urbanística de cada comunidad autónoma, salvo en los territorios de las ciudades de Ceuta y Melilla. Ante una extracción minera sin licencia (o contraviniendo lo establecido en ella), la Administración municipal podría ejercitar las potestades administrativas de protección de la legalidad urbanística, en particular dictando orden de suspensión de la actividad,[126] pese a lo previsto en el artículo 116.1 de la Ley de Minas, que establece que «ninguna autoridad administrativa distinta del Ministro de Industria podrá suspender trabajos de aprovechamiento de recursos que estuviesen autorizados conforme a las disposiciones de la presente Ley. Los trabajos de exploración o investigación debidamente autorizados podrán ser suspendidos por el Ministro de Industria o las Direcciones Generales del ramo». Como recuerda García Rubio, «para las actividades mineras son necesarias la autorización de la Ley de Minas, la autorización de uso excepcional (si se realiza en suelo rústico), la licencia de actividad (ambiental) y la urbanística, sin que la existencia de la licencia de minas pueda determinar o condicionar la existencia del resto de las necesarias para el ejercicio legal de la actividad. [...] De este modo, con independencia de las facultades del ministro de Industria sobre la suspensión de trabajos de aprovechamiento de recursos, exploración e investigación, debidamente autorizados, es plenamente exigible la licencia de actividad de los actos de uso del suelo, en que consiste la extracción de áridos, y su ausencia determina los efectos previstos en la legislación urbanística sobre suspensión de esas actividades».[127]

La facultad de la Administración para suspender la actividad minera por motivos urbanísticos viene asimismo amparada en la doctrina de nuestro Tribunal Supremo, cuyo ejemplo más relevante es la Sentencia de 7 diciembre 2000, al entender que lo dispuesto en el artículo 116 de la Ley de Minas «no puede ser interpretado en el sentido de que los Ayuntamientos no puedan suspender las actividades mineras por

---

124 Aprobada mediante Decreto de 24 de junio de 1955 por el que se aprueba el texto articulado de las Leyes de Bases de Régimen Local, de 17 de julio de 1945 y de 3 de diciembre de 1953.

125 La jurisprudencia del Tribunal Supremo es clara al afirmar la necesidad de licencia urbanística municipal para las explotaciones mineras a cielo abierto por implicar movimientos de tierra. *Vid.* sentencias del Tribunal Supremo de 26 de septiembre de 1988 y de 13 de noviembre de 1963.

126 García Rubio, F., «Concesiones mineras y ordenación urbanística», *Cuadernos de derecho local*, 2019, p. 104.

127 García Rubio, «Concesiones mineras...», *cit.*, p. 105.

motivos urbanísticos, sino en el de que solo la Administración sectorial de Minas puede hacerlo por motivos de la legislación sectorial minera» (FJ 5).[128]

Por último, en lo que atañe de manera específica a la legislación sobre minas, es necesario hacer una mención sucinta al artículo 17.3 de la Ley de Minas, que atribuye a las corporaciones locales las competencias referidas al otorgamiento de autorizaciones de explotación para aprovechamiento de los recursos de la Sección A), que podrán ser concedidas una vez que las corporaciones locales procedan a la aprobación de las correspondientes ordenanzas. Ahora bien, la atribución de competencias mencionada está condicionada a que el Gobierno apruebe (a propuesta del Ministerio de Industria, Turismo y Energía y mediante real decreto) las estipulaciones técnicas que deben contener dichas ordenanzas municipales, hecho que hasta el momento presente no se ha producido y, en consecuencia, no ha permitido ejercitar la competencia de forma directa.

2.3 Marco jurídico vigente

Como hemos ido exponiendo a lo largo de este trabajo, la importancia social y económica que las actividades mineras revisten en el conjunto de la economía nacional ha venido traduciéndose en la aprobación de diversas normas tendentes a lograr una adecuada planificación y ordenación de las actuaciones en materia minera, por constituir uno de los sectores estratégicos de nuestra economía.[129] Según hemos tenido la oportunidad de ver, el artículo 45 de la Constitución supone una especie de control de la actividad extractiva, junto con el artículo 128 de nuestra carta magna, que advierte que toda la riqueza del país, en sus distintas formas y sea cual fuere su titularidad, está subordinada al interés general. En este sentido, a partir de la aprobación de la Constitución, se produce un mandato a los poderes públicos de observar no solo la defensa de la productividad y la creación de riqueza en el marco del interés general *ex* artículos 38, 40, 128.1, 130 y 131 CE, sino también de ponderar los costes ambientales y sociales que comporta la consecución de dicho objetivo.

En este contexto, nos centraremos, en primer lugar, en el análisis de la legislación básica estatal sobre ordenación minera, que está constituida hoy en día fundamentalmente por la ya enunciada Ley de Minas de 1973 y por el Real Decreto 2857/1978, de 25 de agosto, que aprueba el Reglamento General para el Régimen de la Minería

128 Lo ha declarado repetidamente el Alto Tribunal en varias sentencias, como la de 1 de febrero de 1988, 11 de julio de 1980, 14 de julio de 1989, 10 de octubre de 1988 y 26 de septiembre de 1988.
129 A título ilustrativo, podemos mencionar la disposición adicional 3.ª del RGRM, a tenor de la cual, «con el fin de fomentar el aprovechamiento de los recursos objeto de la Ley de Minas, el Gobierno, a propuesta del Ministro de Industria y Energía, podrá otorgar la calificación de industrias de interés preferente a determinados sectores mineros o parte de ellos y declarar, además, en su caso, determinadas zonas mineras como de preferente localización industrial, a efectos de obtener los beneficios previstos en la legislación correspondiente».

(en adelante, RGRM). Más allá de estos textos[130] que representan la piedra angular del marco jurídico minero, cabe hacer referencia, por ser contemporánea a estos, a la Ley 6/1977, de 4 de enero, de Fomento de la Minería, con la que se pretende asegurar un suministro eficiente de materias primas que permita el normal funcionamiento del sistema industrial, mediante la promoción y el desarrollo de actividades mineras dentro del territorio nacional y, complementariamente, fuera de este.

2.3.1 Ley de Minas

Como ya vimos, la Ley de Minas representa en la actualidad una norma preconstitucional desfasada, y, aunque ha tenido alguna modificación,[131] todavía no contempla aspectos tan esenciales como el sistema actual de reparto de competencias en esta materia entre el Estado y las CC. AA. Apuntan, al respecto, RIVERO YSERN y MONTOYA MARTÍN que la ley «tiene como objeto establecer el régimen jurídico de la investigación y aprovechamiento de los recursos minerales, priorizando la actividad extractiva privada y asumiendo como finalidad esencial el fomento de la libertad de empresa. En esta ley preconstitucional la mina, por tanto, tiene un doble significado jurídico como yacimiento, objeto de propiedad del Estado, y como actividad extractiva».[132]

Examinando algunos de los aspectos esenciales del texto, partiremos de la consideración de dos presupuestos básicos tradicionales: la reafirmación de que todos los yacimientos de origen natural y demás recursos geológicos son bienes de dominio público, y el mantenimiento de la concesión administrativa como institución tradicional y principio básico del ordenamiento minero (art. 2). Al margen de estos dos postulados, en lo que atañe al contenido normativo de la ley, cabe destacar que esta tiene por objeto «establecer el régimen jurídico de la investigación y aprovechamiento de los yacimientos minerales y demás recursos geológicos, cualesquiera que fueren su origen y estado

---

130 Adicionalmente, debe tenerse presente que la legislación minera actualmente vigente ha sido desarrollada de manera esencial por otras disposiciones reglamentarias específicas en materia laboral, de seguridad y de prevención de riesgos en el sector, como el Real Decreto 3255/1983, de 21 de diciembre, por el que se aprueba el Estatuto del Minero; el Real Decreto 863/1985, de 2 de abril, por el que se aprueba el Reglamento General de Normas Básicas de Seguridad Minera; o el Real Decreto 1389/1997, de 5 de septiembre, por el que se aprueban las disposiciones mínimas destinadas a proteger la seguridad y la salud de los trabajadores en las actividades mineras.

131 Introducidas principalmente por la Ley 54/1980, de 5 de noviembre de modificación de la Ley de Minas, con especial atención a los recursos minerales energéticos; por el Real Decreto Legislativo 1303/1986, de 28 de junio, por el que se adecua al ordenamiento jurídico de la Comunidad Económica Europea el título VIII de la Ley 22/1973, de 21 de julio, de Minas; por la Ley 12/2007, de 2 de julio, por la que se modifica la Ley 34/1998, de 7 de octubre, del Sector de Hidrocarburos, con el fin de adaptarla a lo dispuesto en la Directiva 2003/55/CE del Parlamento Europeo y del Consejo, de 26 de junio de 2003, sobre normas comunes para el mercado interior del gas natural; por la Ley 40/2010, de 29 de diciembre, de almacenamiento geológico de dióxido de carbono; por el Real Decreto-ley 8/2014, de 4 de julio, de aprobación de medidas urgentes para el crecimiento, la competitividad y la eficiencia; y por la Ley 18/2014, de 15 de octubre, de aprobación de medidas urgentes para el crecimiento, la competitividad y la eficiencia.

132 RIVERO YSERN y MONTOYA MARTÍN, «Una nueva oportunidad para la minería metálica…», *cit.*, p. 84.

físico, quedando fuera de su ámbito, y regulándose por las disposiciones que les sean de aplicación, los hidrocarburos líquidos y gaseosos»[133] (art. 1).

En cuanto a la clasificación[134] de los recursos objeto de la ley, se crean cuatro secciones o categorías de yacimientos minerales y demás recursos geológicos (art. 3), aunque no se ofrece lista alguna de los recursos mineros que pueden incluirse en cada una de ellas:

A:[135] los de escaso valor económico y comercialización geográficamente restringida, así como aquellos cuyo aprovechamiento único sea el de obtener fragmentos de tamaño y forma apropiados para su utilización directa en obras de infraestructura, construcción y otros usos que no exigen más operaciones que las de arranque, quebrantado y calibrado.

B: las aguas minerales, las termales, las estructuras subterráneas y los yacimientos formados como consecuencia de operaciones reguladas por la ley.

C: yacimientos minerales y recursos geológicos no incluidos en las anteriores y que sean objeto de aprovechamiento conforme a la ley, excepto los incluidos en la sección siguiente (la D).

D: [136] carbones, minerales radiactivos, recursos geotérmicos, rocas bituminosas y cualesquiera otros yacimientos minerales o recursos geológicos de interés energético.[137]

133 En sus orígenes, la ordenación de los hidrocarburos en España tuvo lugar en el seno de la legislación general minera. De este modo, la Ley de Minas de 19 de julio de 1944 incardinaba los hidrocarburos líquidos y gaseosos dentro de los recursos mineros que regulaba. Posteriormente, la Ley sobre el Régimen Jurídico de la Investigación y Explotación de Hidrocarburos, de 26 de diciembre de 1958, y su reglamento aprobado un año más tarde, vinieron a desarrollar el régimen que se establecía en la Ley de Minas de 1944 en esta materia, dotándola de un marco legal propio. En la actualidad, la vigente Ley 34/1998, de 7 de octubre, del Sector de Hidrocarburos, ha concentrado la regulación del sector, que se encontraba dispersa en varios textos legales. Por su parte, los minerales radiactivos se regularon por la todavía vigente Ley 25/1964, de 29 de abril, sobre energía nuclear, y por el reglamento de instalaciones nucleares aprobado por el Decreto 2869/1972, de 21 de julio, que fue sustituido posteriormente por el del Real Decreto 1836/1999, de 3 de diciembre, por el que se aprueba el Reglamento sobre instalaciones nucleares y radiactivas.

134 La clasificación de un mineral en una u otra sección no es baladí. Como expone DE ARCENEGUI FERNÁNDEZ, I. E., «El nuevo derecho de minas», *Revista de Administración Pública*, núm. 78, 1975, pp. 117-221, de ello depende el régimen jurídico a aplicar en el aprovechamiento de los recursos comprendidos en la sección. En el caso de la Sección A), los criterios, sustancialmente económicos, son fijados por decreto en Consejo de Ministros (art. 3. 3 de la Ley de Minas). En este sentido, vid. Real Decreto 107/1995, de 27 de enero, por el que se fija criterios de valoración para configurar la sección A) de la Ley de Minas.

135 Los criterios de valoración precisos para configurar la Sección A) fueron fijados mediante decreto acordado en Consejo de Ministros a propuesta del de Industria, previo informe del Ministerio de Planificación del Desarrollo y de la Organización Sindical, a través del Decreto 1747/1975, de 17 de julio, por el que se fijan criterios de valoración para configurar la Sección A) de la Ley de Minas, hoy derogado por el Real Decreto 107/1995, de 27 de enero, en el que se especifican los mencionados criterios.

136 Sección introducida por la Ley 54/1980, de 5 de noviembre, de modificación de la Ley de Minas, con especial atención a los recursos minerales energéticos.

137 Nótese que el RGRM no contempla la existencia de esta sección. A pesar de ello, de acuerdo con el artículo 1 de la Ley 54/1980, de 5 de noviembre, de modificación de la Ley de Minas, «los preceptos de la Ley de Minas, de la Ley de Fomento de la Minería y sus respectivas disposiciones complementarias que hagan referencia a la sección C) se entenderán igualmente aplicables a la sección D), sin perjuicio de las salvedades que para ésta se establecen en la presente Ley».

Es importante enfatizar que, tal y como la propia norma indica, queda fuera de su ámbito la extracción ocasional y de escasa importancia de recursos minerales, cualquiera que sea su clasificación, siempre que se lleve a cabo por el propietario de un terreno para su uso exclusivo y no exija la aplicación de técnica minera[138] alguna (art. 3.2).

Por lo que se refiere a la regulación de los aprovechamientos mineros, hay que tener presente lo siguiente:

+ Los aprovechamientos de los recursos de la Sección A (arts. 16 a 22): cuando estos se encuentren en terrenos de propiedad privada, corresponderán a su dueño, manteniendo así el tradicional derecho de explotación preferente. Cuando se hallen en terrenos patrimoniales del Estado, la provincia o el municipio, sus titulares podrán aprovecharlos directamente o ceder a otros sus derechos; y cuando se encuentren en terrenos de dominio y uso público, serán de aprovechamiento común. En todo caso, deberá obtenerse, previamente a la iniciación de los trabajos, la oportuna autorización de explotación por parte de la Administración Minera.

+ Aprovechamientos de los recursos de la Sección B (arts. 23 a 36). La clasificación llevada a cabo por el legislador de los recursos de esta sección comporta un tratamiento diferente en cuanto al régimen jurídico de los aprovechamientos de cada uno de ellos y las formas de explotación, con independencia de algún tema común como pueden ser la compatibilidad de aprovechamientos y la caducidad.[139]

+ Aguas minerales y termales (arts. 24 a 30): como requisito previo a la autorización de aprovechamiento será necesario que por el Ministerio de Industria[140] se haga la declaración de la condición de mineral. A partir de ese momento existe un derecho preferente al aprovechamiento de las aguas minerales a favor del que era propietario de estas en el momento de la declaración de su condición mineral, quien podrá ejercitarlo directamente o cederlo a terceras personas. De una lectura de estos preceptos, se deduce que «los otorgamientos para aprovechar aguas minerales y termales pueden obtenerse bien a través de una autorización, una concesión, otorgada directamente o por concurso público».[141]

---

138 Al respecto, *vid.* Dictamen del Consejo de Estado, número de expediente 3837/1996 (Comunidad de Madrid), asunto: expedientes/aplicabilidad de la ITC, fecha de aprobación 18/12/1997.

139 De Arcenegui Fernández, «El nuevo derecho…», *cit.*, p. 177.

140 No obstante las remisiones de la Ley de Minas al Ministerio de Industria, actualmente las competencias que corresponden a la Administración General del Estado en materia de minería corresponden al Ministerio para la Transición Ecológica y el Reto Demográfico a través de su Dirección General de Política Energética y Minas. *Vid.* Real Decreto 500/2020, de 28 de abril, por el que se desarrolla la estructura orgánica básica del Ministerio para la Transición Ecológica y el Reto Demográfico, y se modifica el Real Decreto 139/2020, de 28 de enero, por el que se establece la estructura orgánica básica de los departamentos ministeriales.

141 De Arcenegui Fernández, «El nuevo derecho…», *cit.*, 179.

+ Yacimientos de origen no natural (arts. 31 a 33): la prioridad en el aprovechamiento de los residuos obtenidos en operaciones de investigación, explotación o beneficio corresponde al titular de los derechos mineros en los que aquellos se hayan producido.[142] Si estos yacimientos están situados en terrenos que fueron ocupados por derechos mineros caducados, la prioridad corresponde al propietario o poseedor legal de los terrenos. Para su aprovechamiento en este segundo caso, deberá obtenerse autorización de la Delegación Provincial correspondiente, a la que acompañarán el proyecto de instalación, un estudio económico con el plan de investigaciones a realizar y las mejoras sociales que se prevean.

+ Estructuras subterráneas[143] (arts. 34 y 35): se deberá presentar la solicitud correspondiente ante la Delegación Provincial del Ministerio de Industria,[144] aportando, además de los documentos que señale el reglamento de la ley, un proyecto que justifique la conveniencia de dicha utilización, así como la designación del perímetro de protección que se considere necesario.

+ Aprovechamiento de los recursos de las secciones C y D (arts. 37 a 81): lo otorgará el Estado por medio de una concesión de explotación por un periodo de treinta años, prorrogable por plazos iguales hasta un máximo de noventa años. Otros títulos administrativos mineros que contempla la legislación sectorial de minas para los recursos de estas secciones son los permisos de exploración y los de investigación (título V, caps. II y III, respectivamente).[145]

Finalmente, por lo que se refiere al alcance de los preceptos de la Ley de Minas que contienen medidas protectoras de mantenimiento del entorno de las zonas de ubicación de los trabajos, es conveniente poner de manifiesto que, debido al contexto económico-social de la época de su aprobación, la actual Ley de Minas no representa un marco normativo actualizado que tenga presente la actual concepción del medio ambiente ni está adecuada a los procedimientos de evaluación de impacto ambiental, sin perjuicio de que contenga una cierta sensibilidad respecto al entorno natural, tra-

---

142 Según opina DE ARCENEGUI FERNÁNDEZ, «El nuevo derecho…», *cit.*, p. 184., el hecho de que «el titular de los derechos mineros que los produce no necesite autorización para su aprovechamiento no nos permite deducir la existencia de una propiedad privada sobre los mismos, puesto que no gozan de entidad propia en este supuesto al quedar englobados en un uso privativo más amplio, cual es la investigación, explotación o beneficio de los recursos de la sección C».

143 Nueva figura del derecho minero introducida por la Ley de Minas.

144 *Vid.* nota 139.

145 Los permisos de exploración permiten a los titulares, por un plazo de un año prorrogable a dos, efectuar estudios y reconocimientos en zonas determinadas mediante la aplicación de técnicas que no alteren sustancialmente la configuración del terreno, y les otorgan prioridad en la petición de permisos de investigación o concesiones directas de explotación sobre el terreno. Los permisos de investigación, en cambio, comprenden aquellas labores que se precisen para el mejor conocimiento de los posibles recursos a explotar, en su caso, y se otorgan por un plazo no superior a tres años, prorrogables por tres más.

ducida en algunos preceptos relativos a la protección del medio ambiente,[146] que ahora pasaremos a analizar. El punto de partida lo constituye el artículo 5.3, que proclama la potestad reglamentaria del Gobierno (a través del Ministerio de Industria)[147] para la regulación de las condiciones de protección del medio ambiente a establecer imperativamente en el aprovechamiento de los recursos mineros, las cuales podrán incluir la restauración del espacio natural afectado por las actividades mineras en la autorización del aprovechamiento.[148]

Por su parte, son varios los preceptos que contemplan la imposición de medidas orientadas a la protección del medio ambiente como supuesto condicionante para el otorgamiento de cualquier título minero, algunas de carácter discrecional y otras que exigen petición de informe previo a la Comisión Interministerial del Medio Ambiente. Así, el artículo 17.2 fija la posibilidad, para los yacimientos de la Sección A), que en el título de autorización se impongan, si proceden, las medidas oportunas en orden a la protección del medio ambiente. Asimismo, para el aprovechamiento de los recursos de la Sección B), el artículo 33.2 prevé que se requiera en la autorización un doble matiz de protección ambiental, a saber, el aprovechamiento racional de los residuos y las correspondientes medidas adecuadas. Para las estructuras subterráneas, el artículo 34.3 da una gran relevancia a los informes previos del Instituto Geológico y Minero, del Consejo Superior del Ministerio de Industria y de la Comisión Interministerial del Medio Ambiente acerca de la posible autorización, que podrá implantar los requisitos que estimen oportunos y exigir al peticionario la constitución de una fianza en la forma y plazo que fije el RGRM. Por lo que respecta al régimen directo de explotación, el artículo 66 prevé que puedan imponerse las condiciones que se consideren convenientes, entre ellas, las adecuadas a la protección del medio ambiente a las que se refiere el artículo 69. Este, por su parte, en lo referente a las concesiones de explotación derivadas de permisos de investigación, exige que el proyecto sea adecuado al aprovechamiento racional del recurso definido por la investigación realizada, y establece una

---

146 De acuerdo con Pérez Martos, J., «Ordenación minera y medio ambiente. La intervención preventiva de las administraciones públicas en la explotación y aprovechamiento de los recursos de la Sección A) de la Ley de Minas», *Revista de Derecho Urbanístico y Medio Ambiente*, núm. 175, 2000, pp. 137-182, con la Ley de Minas no puede afirmarse que quede asegurada la protección del medio ambiente frente al desarrollo minero. Y ello por tres razones: en primer lugar, por la indeterminación apriorística de estas, toda vez que el artículo 5.3 remite a una norma posterior donde se fijarán las condiciones de protección del medio ambiente; en segundo lugar, por la escasez de elementos reglados en la configuración de estas medidas, lo que se traduce en la dotación de un cierto grado de discrecionalidad administrativa; y, por último, porque confluyendo en el desarrollo de la minería dos intereses en pugna, el económico y la protección del medio natural, la tutela de ambos se encomienda a una misma administración (la minera).

147 *Vid*. nota 139.

148 Con dicho antecedente, se aprobaron el Real Decreto 2994/1982, de 15 de octubre, sobre restauración del espacio natural afectado por actividades mineras, y el Real Decreto 1116/1984, de 9 de mayo, sobre restauración del espacio natural afectado por las explotaciones de carbón a cielo abierto y el aprovechamiento racional de estos recursos energéticos, ambos derogados. Hoy en día, es de aplicación el Real Decreto 975/2009, de 12 de junio, sobre gestión de los residuos de las industrias extractivas y de protección y rehabilitación del espacio afectado por actividades mineras.

serie de obligaciones ambientales contenidas en el artículo 74, como son el reponer en cantidad y calidad las aguas afectadas o abonar las correspondientes indemnizaciones por los daños y perjuicios causados. Por su parte, el artículo 81 responsabiliza al explotador por los daños y perjuicios que ocasione con sus trabajos sobre el medio ambiente. Por último, el artículo 112, relacionado con los establecimientos de beneficio, exige el preceptivo informe del Instituto Geológico y Minero de España (IGME) para conseguir garantizar el aprovechamiento racional de los recursos, así como la utilización de los elementos técnicos adecuados para la protección del medio ambiente. Por último, el artículo 116.2 hace alusión a que los trabajos mineros, de la índole que sean, podrán ser suspendidos provisionalmente por las delegaciones provinciales de Industria[149] por razones de urgencia y en aquellos casos en que peligre la protección del ambiente.

2.3.2 Otras normas básicas de interés en materia minera

Pese a estos pocos preceptos en materia ambiental, hay que tener en cuenta que las debilidades que puede presentar la Ley de Minas se han visto atenuadas a lo largo de las décadas gracias a la influencia que las previsiones constitucionales de carácter ambiental han ejercido sobre la normativa sectorial minera y, posteriormente, como consecuencia de la transposición al ordenamiento de directivas europeas que han venido a completar el marco normativo sectorial minero.

En primer lugar, y sin perjuicio de abordar más adelante esta cuestión, cabe anticipar que, como consecuencia del ingreso de España en la Comunidad Europea, entró en juego la regulación del procedimiento de evaluación ambiental, fruto de la Directiva 85/337, de 27 de junio, de evaluación de impacto ambiental, hoy reemplazada por la Directiva 2011/92, de 13 de diciembre de 2011, relativa a la evaluación de las repercusiones de determinados proyectos públicos y privados sobre el medio ambiente, y que examinaremos en el tercer capítulo en profundidad, la cual somete a control administrativo previo la ejecución de ciertas obras, instalaciones y actividades mineras de naturaleza pública o privada.

Por otra parte, el Real Decreto 975/2009,[150] de 12 de junio, sobre gestión de los residuos de las industrias extractivas y de protección y rehabilitación del espacio afectado por actividades mineras, incorpora al ordenamiento jurídico español la Directiva 2006/21/CE del Parlamento Europeo y del Consejo, de 15 de marzo, sobre la gestión de los residuos de industrias extractivas y por la que se modifica la Directiva 2004/35/CE, y exige, con carácter previo al otorgamiento de una autorización, permiso o concesión regulado por la Ley de Minas, que el solicitante presente para su aprobación ante

---

149 *Vid.* nota 139.

150 Modificado por el Real Decreto 777/2012, de 4 de mayo, sobre gestión de los residuos de las industrias extractivas y de protección y rehabilitación del espacio afectado por las actividades mineras.

la autoridad competente en minería un plan de restauración del espacio natural afectado por las labores mineras.. Su artículo 3 compele a que la entidad explotadora tome todas las medidas técnicas necesarias para prevenir o reducir en lo posible cualquier efecto negativo sobre el medio ambiente y sobre la salud de las personas derivado de la investigación y el aprovechamiento de recursos minerales, incluyendo tanto la gestión de los residuos mineros y de todas las instalaciones de residuos —también con posterioridad a su cierre— como la prevención de accidentes graves que puedan ocurrir en las instalaciones. Para ello, todas las actividades de investigación y aprovechamiento de yacimientos minerales y recursos geológicos (autorizaciones de aprovechamiento de recursos de las secciones A y B, concesiones de explotación, y permisos de investigación para los de la Sección C) deberán acompañarse de un plan de restauración con el siguiente contenido: descripción detallada del entorno previsto para desarrollar las labores mineras, medidas contempladas para la rehabilitación del espacio natural afectado por la investigación y explotación de recursos minerales, medidas previstas para la rehabilitación de los servicios e instalaciones anejos a la investigación y explotación de recursos minerales, plan de gestión de residuos, y calendario de ejecución y coste estimado de los trabajos de rehabilitación.

La autorización del plan de restauración concurre con la evaluación de impacto ambiental,[151] y la exigencia de esta es preceptiva para el inicio de la actividad minera. De hecho, el propio Real Decreto prevé de forma expresa que «no podrán otorgarse autorizaciones, permisos o concesiones reguladas por la Ley de Minas sin tener autorizado un plan de restauración y, una vez otorgados, no podrán iniciarse los trabajos hasta tener constituidas las correspondientes garantías financieras o equivalentes que aseguren su cumplimiento» (artículo 4.2).

Además del Real Decreto 975/2009, coexisten otras normas que prevén la reparación del daño a los recursos naturales, como la Ley 26/2007, de 23 de octubre, de Responsabilidad Medioambiental (en adelante, LRM), que transpuso la Directiva 2004/35/CE, del Parlamento Europeo y del Consejo, de 21 de abril de 2004, sobre responsabilidad medioambiental en relación con la prevención y reparación de daños ambientales, la cual pone énfasis, en lo que aquí resulta de interés, en la responsabilidad de los operadores mineros de prevenir, evitar y reparar los daños medioambientales, de conformidad con el artículo 45 de la Constitución y con los principios de prevención y de que «quien contamina paga», y que insta a devolver los recursos dañados a su estado original. Asimismo, cabe destacar que a las explotaciones que cuenten con instalaciones de residuos mineros les resulta aplicable la garantía financiera obligatoria que les permita hacer frente a la responsabilidad medioambiental inherente a la

---

151 Sobre la compatibilidad o la articulación de la evaluación de impacto ambiental con el plan de restauración, *Vid.* Casado Casado, L., «La evaluación de impacto ambiental de los proyectos mineros: a propósito de la articulación del plan de restauración con la declaración de impacto ambiental», *Actualidad Jurídica Ambiental*, núm. 102, 2020, p. 527 y ss.

actividad que pretendan desarrollar. Si bien esta garantía resulta compatible con las que aseguran el cumplimiento del plan de restauración, es independiente de estas y debe tener en cuenta la cobertura otorgada por las otras garantías para evitar que se produzca una múltiple cobertura del mismo riesgo o quede algún riesgo pendiente de asegurar.[152]

Otra legislación sectorial de prevención de daños ambientales es la recogida en el Real Decreto Legislativo 1/2016, de 16 de diciembre, por el que se aprueba el texto refundido de la Ley de prevención y control integrados de la contaminación, cuyo artículo 36 dispone que «sin perjuicio de la sanción penal o administrativa que se imponga, el infractor estará obligado a la reposición o restauración de las cosas al estado anterior a la infracción cometida, así como, en su caso, a abonar la correspondiente indemnización por los daños y perjuicios causados». Este Real Decreto regula, tal y como menciona en el punto 2 de su anexo I, aquellas actividades que guardan relación con la producción y transformación de metales, e impone la obligación a los titulares de las concesiones mineras de contar con una autorización ambiental integrada, otorgada por el correspondiente órgano competente autonómico del territorio en el que se lleve a cabo la prospección.

2.3.3 Regulación autonómica en materia minera

Para concluir, y dejando de lado la normativa estatal, es obligado realizar un acercamiento a determinadas regulaciones autonómicas en materia minera, en concreto las de las comunidades autónomas de Cataluña, Galicia y Baleares, que han incorporado a su ordenamiento un régimen jurídico sobre ordenación minera al amparo de sus competencias para el desarrollo legislativo y la ejecución del régimen minero, incluyendo disposiciones sobre protección ambiental.

2.3.3.1 Regulación autonómica catalana

Por lo que respecta al ámbito autonómico catalán, hay que señalar que Cataluña estuvo a la vanguardia de la aplicación de medidas preventivas ante los riesgos ambientales derivados de las actividades extractivas, a través de la imposición de una serie de obligaciones medioambientales a los operadores mineros en relación con las minas activas en el seno de la comunidad autónoma. La carencia del desarrollo reglamentario dispuesto en el artículo 5.3 de la Ley de Minas al no haberse aprobado oportunamente un decreto que fijara las condiciones de protección del medio ambiente, sumada a la ingente sensibilidad de la comunidad catalana hacia las cuestiones ambientales, en general, y hacia la protección de los espacios naturales y el paisaje, en particular, condujeron al Parla-

---

152 Artículo 41.6 del Real Decreto 975/2009, de 12 de junio, sobre gestión de los residuos de las industrias extractivas y de protección y rehabilitación del espacio afectado por actividades mineras.

mento de Cataluña a aprobar, dada la competencia que el Estatuto catalán le reconoce en materia de espacios naturales protegidos, protección del medio ambiente y régimen minero y energético, la Ley 12/1981,[153] de 24 de diciembre, por la que se establecen normas adicionales de protección de los espacios de especial interés natural afectados por actividades extractivas. A criterio de DE ARCENEGUI FERNÁNDEZ, «la normativa catalana es pionera en el análisis y tratamiento de cuestiones tan primordiales, en razón de su objeto, como el programa de restauración, las fianzas garantizadoras de su aplicación y la ejecución subsidiaria de las medidas de protección, pudiendo afirmarse que la misma ha sido el antecedente inmediato del Real Decreto 2994/1982, de 15 de octubre, sobre restauración del espacio natural afectado por actividades mineras».[154] Dicho autor considera igualmente, en lo que concierne a la introducción del novedoso programa de restauración a elaborar por el explotador, que este hecho supone la incorporación por primera vez a la legislación positiva del principio restaurador del artículo 45.2 de la Constitución.[155]

El marco legal básico en lo referente a la protección y a la restauración de los espacios afectados por las actividades extractivas en Cataluña lo completan el Decreto 343/1983, de 15 de julio, en que se define el contenido del programa de restauración, su tramitación y aprobación, y la gestión de las fianzas a depositar para garantizar la ejecución de la totalidad de las medidas de protección del medio ambiente y de los trabajos de restauración; el Decreto legislativo 14/1994, de 26 de julio, por el que se adecua la Ley 12/1981, de 24 de diciembre, por la que se establecen normas adicionales de protección de los espacios de especial interés natural afectados por actividades extractivas; y la Orden del 6 de junio de 1988, de despliegue parcial del Decreto 343/1983, de 15 de julio, sobre normas de protección del medio ambiente de aplicación a las actividades extractivas (de la cual solo el artículo 3 sigue vigente).

Entrando en el estudio de la Ley 12/1981,[156] destaca en primer lugar su objeto, precisado en su artículo 1.1, el cual está limitado al establecimiento de medidas adicio-

---

153 Modificada por la Ley 10/2011, de 29 de diciembre, de simplificación y mejora de la regulación normativa; por la Ley 3/2015, de 11 de marzo, de medidas fiscales, financieras y administrativas; y por el Decreto-ley 18/2020, de 12 de mayo, de medidas urgentes en materia de urbanismo, fianzas y ambiental.

154 DE ARCENEGUI FERNÁNDEZ, I, E., «La protección del medio ambiente a la luz de la legislación minera del Estado y de la Ley 12/81, de 24 de diciembre, de la Generalidad de Cataluña», *Revista de Administración Pública*, núm. 100-102, enero-diciembre 1983, p. 2655 y ss.

155 DE ARCENEGUI FERNÁNDEZ, «La protección del medio ambiente…», *cit.*, p. 2662.

156 La Ley 12/1981 fue objeto de un recurso de inconstitucionalidad promovido por el presidente del Gobierno y estimado parcialmente por parte del Tribunal Constitucional en su STC 64/1982, de 4 de noviembre. Fundamentalmente eran dos los argumentos para declararla inconstitucional: en primer lugar, por la vulneración de los artículos 2 y 138 CE, y, en segundo término, por la inadecuación a la distribución de competencias surgida de los artículos 149.1.23 y 25 de la CE y 9.10 y 10.5 y 6 del EA Cataluña. El Tribunal declaró inconstitucional y, por tanto, nulos el apartado 3.º del artículo 3; la parte del apartado 4 del artículo 6 que dice «cuando la explotación sea de poco valor económico o de baja rentabilidad a causa de los elevados costes de restauración», y la parte de la disposición transitoria primera que dice «de Cataluña y para la incidencia en la competitividad internacional» de la Ley 12/1981.

nales de protección del medio ambiente por medio de un tratamiento especial para la restauración de los terrenos y su repoblación en espacios de especial interés natural[157] que sean o deban ser objeto de explotación minera.

Dichas medidas serían de aplicación:

* Ordinaria:[158] a todas las explotaciones mineras que se lleven a cabo en los espacios de especial interés natural incluidos en la lista aprobados por el pleno de la Comisión de Urbanismo de Cataluña el 21 de mayo de 1980, que figuran en el anexo de la ley.

* Extraordinaria: a aquellas explotaciones mineras que se lleven a cabo en otras zonas de características específicas parecidas a los espacios de especial interés natural ya fijados, declaradas por el consejo ejecutivo a iniciativa propia o a petición del ayuntamiento afectado.

* Supletoria: a los espacios naturales que disfruten de un régimen específico de protección al amparo de la Ley del Suelo o de la Ley de Espacios Naturales, cuando impliquen una mayor protección en relación con el régimen de que se trate.

En cuanto al ámbito material de la ley, básicamente las actividades afectadas son las extractivas de los recursos mineros clasificadas en la Ley de Minas como pertenecientes a las secciones A, B, C, y D. En especial, las pertenecientes a las secciones A y B que se pretendan ejercer en el ámbito territorial definido en espacios de especial interés natural quedarán sujetas a una evaluación económica preliminar de los recursos a explotar y de sus posibilidades de sustitución.

Por otra parte, la persona solicitante de un permiso de exploración o de investigación o de una autorización de explotación de una actividad extractiva tiene que presentar a la Dirección General de Energía, Minas y Seguridad Industrial, como órgano minero, el proyecto de explotación y el programa de restauración correspondientes, que, a su vez, de acuerdo con el artículo 3 del Decreto 343/1983, ha de contener:

a) Un análisis detallado del lugar donde se va a implantar la actividad y de su entorno, referido a condicionantes geológicos, hidrogeológicos, climatológicos, edáficos, de vegetación, paisajísticos, de usos y aprovechamientos preexistentes, propiedades, infraestructuras e instalaciones, régimen urbanístico, servidumbres y otros regímenes especiales.

---

157 Inicialmente su ámbito de aplicación son los espacios de especial interés natural que se relacionan en un anexo a la Ley 12/1981. No obstante, dada la necesidad de proteger y rehabilitar cualquier espacio afectado por las actividades mineras, en la disposición transitoria segunda se amplía el ámbito a todo el territorio de Cataluña, en tanto en cuanto no se regulen normas de aplicación generales, si bien con algunas salvedades en lo relativo a la fianza, entre otros aspectos.

158 Clasificación de De Arcenegui Fernández, «La protección del medio ambiente...», *cit.*, p. 2657.

b) Descripción de la actividad minera proyectada con delimitación del área afectada, materiales a extraer, método de investigación o explotación, producción estimada, servicios, plantas de preparación mecánica y tratamiento, tipos de maquinaria, etc.

c) Estudio de los efectos de la actividad sobre el paisaje y el entorno.

d) Medidas correctoras.

e) Medidas restauradoras a realizar, que incluyan características de los suelos restaurados, acondicionamiento del terreno, protección contra la erosión, estabilización, fijación y acondicionamiento de los frentes o bancos de explotación, escombreras y balsas, así como la revegetación planeada.

f) Estudio económico del coste del programa de restauración.

g) Programa de ejecución de las medidas correctoras y restauradoras.

La entidad explotadora deberá revisar el programa de restauración cada cinco años y modificarse, en su caso, para adecuarse a los cambios de la explotación o de los usos previstos del suelo una vez finalizada la actividad.

En el plazo de un mes, la Dirección General de Energía, Minas y Seguridad Industrial enviará copias de la documentación de la solicitud a la Dirección General de Calidad Ambiental y Cambio Climático del Departamento de Territorio y Sostenibilidad, la cual examinará la documentación a fin de que esté de acuerdo con los requisitos reglamentarios en materia de impacto ambiental. La Dirección General de Calidad Ambiental y Cambio Climático examinará el programa de restauración, inspeccionará el lugar y comprobará la adecuación de la solicitud a la normativa vigente. Una vez corregidas por el solicitante, en su caso, las carencias que se hayan podido detectar durante la comprobación del expediente, se formularán las consultas a los entes locales y a aquellas otras instituciones que puedan resultar afectadas por la explotación. Una vez recibidas y ponderadas las respuestas correspondientes, se emitirá un informe, favorable o desfavorable, con carácter preceptivo y vinculante para el órgano minero, sobre la idoneidad de las actuaciones de protección del medio ambiente propuestas, en el que se especificarán las condiciones de preservación del medio ambiente y los programas de restauración, la fianza de restauración necesaria y los estudios preliminares necesarios para una evaluación adecuada del impacto ambiental, el cual procederá en consecuencia en relación con la autorización de la explotación.

Finalmente, en el ámbito de las medidas de restauración relativas a las actividades extractivas fijadas por el legislador catalán, no puede dejarse de mencionar la fianza que se establece al otorgarse la autorización de la explotación, y que responde de la ejecución de los trabajos de reparación de los daños o perjuicios directos o indirectos que se ocasionen a causa del desarrollo de la actividad minera en los terrenos afectados, así como de las sanciones que puedan imponerse al titular de la autorización por un hipotético incumplimiento de las condiciones para la protección del medio ambiente contenidas en la autorización, permiso o concesión correspondiente.

Las garantías de la ejecución de los trabajos de restauración se adaptarán a las normas contenidas en los artículos 8 y 9 de la Ley 12/1981 y a los artículos 6, 7 y 8 del Decreto 343/1983:

+ Antes de iniciarse la explotación debe constituirse la fianza y presentarse el documento acreditativo correspondiente. El importe se fijará en función de la superficie afectada por la explotación y del coste global de la restauración (o bien por ambos conjuntamente) de acuerdo con las directrices contenidas en el Decreto 202/1994, de 14 de junio, por el que se establecen los criterios para la determinación de las fianzas relativas a los programas de restauración de actividades extractivas. Al mismo tiempo, las pautas y la metodología para la revisión anual del importe de la fianza están recogidos en la Orden TES/421/2012, de 12 de diciembre, por la que se establecen las especificaciones técnicas para la revisión anual del importe de las fianzas de restauración de las actividades extractivas.

+ En cuanto a la constitución de la garantía, esta podrá hacerse mediante depósito en metálico en la Caja General de Depósitos de la Generalitat de Catalunya, en títulos de deuda pública de la Generalitat o del Estado, o a través de un aval otorgado por un banco oficial o privado inscrito en el Registro General de Bancos o por una caja de ahorros perteneciente a las Cajas Confederadas. Una vez acabado el periodo de garantía establecido (de tres a cinco años, según se trate de una zona protegida o no), se podrá solicitar la devolución total o parcial de la fianza.

+ En el caso de incumplimiento del programa de restauración, la administración puede proceder, previo apercibimiento al titular, a la ejecución forzosa, a cargo de la fianza depositada, e incluso elevar propuesta de declaración de caducidad. Este último supuesto también es aplicable a los casos de impago de las fianzas o de sus actualizaciones.

Por último, hay que resaltar que, en la evolución de la gestión de la restauración de los lugares afectados por actividades extractivas en Cataluña, se pueden diferenciar claramente dos etapas: la primera, antes de la aprobación de la Ley 12/1981 y del Decreto 343/1983; y, la segunda, tras su entrada en vigor. Con anterioridad al cambio normativo, el promotor no estaba obligado a llevar a cabo tareas de restauración, por lo que, sobra decir, simplemente abandonaba la actividad minera a cielo abierto cuando esta ya no era rentable.[159] El giro legislativo hizo que cesaran numerosos trabajos de

---

159 Un ejemplo de ello es la cantera El Pascol, en el término municipal de Caldes de Montbui, que cesó su actividad extractiva en el año 1980, quedando el entorno en situación de abandono.

extracción, ya que los titulares no podían hacer frente, ya fuera técnica o económicamente, a los requisitos de restauración que la nueva normativa les imponía. Posteriormente, la Generalitat puso en marcha varias iniciativas para medir la huella ecológica en los espacios afectados por actividades extractivas abandonadas, con la finalidad de hallar soluciones de restauración ambiental adecuadas.[160]

2.3.3.2 Regulación autonómica en Galicia y Baleares

En el ámbito autonómico gallego y al amparo de lo establecido en el artículo 28.3 del Estatuto de Autonomía de Galicia, la Xunta promulga la Ley 3/2008, de 23 de mayo, de ordenación de la minería de Galicia (en adelante, LOMG), a través de la que se define, con carácter general, el marco organizativo de intervención en el sector[161] teniendo presentes las singularidades territoriales y ambientales de la comunidad autónoma. A esta normativa básica han de adicionarse otras normas de carácter sectorial, tales como la Ley 9/1985, de 30 de julio, de protección de piedras ornamentales, y la Ley 5/1995, de 7 de junio, de regulación de las aguas minerales, termales, de manantial y de los establecimientos balnearios de la Comunidad Autónoma de Galicia.

La LOMG tiene por objeto «el desarrollo del régimen jurídico de las actividades mineras en condiciones de sostenibilidad y seguridad promoviendo un aprovechamiento racional compatible» con la protección del medio ambiente» (art. 1), y es aplicable a las siguientes actividades (art. 2):

a) A la exploración, investigación, explotación y aprovechamiento de los recursos minerales y demás recursos geológicos situados en el territorio gallego.

b) Al aprovechamiento de recursos geotérmicos y de formaciones geológicas superficiales o subterráneas.

c) A la preparación para la entrega a los mercados de los minerales y recursos extraídos.

d) A la gestión de los residuos producidos en las actividades extractivas.

e) A la recuperación ambiental de los terrenos afectados por labores mineras, así como a las condiciones y requisitos del abandono de la actividad minera.

---

160 Es obligada la mención del proyecto EcoQuarry, patrocinado por el programa europeo LIFE-Medio Ambiente (2004-2007) para la restauración de canteras de caliza, que aplicó conocimientos ecológicos actuales en experiencias de restauración que sirvieran para preparar una guía de buenas prácticas de restauración ecológica dirigida al sector extractivo. Las experiencias piloto se desarrollaron en Cataluña, Comunidad Valenciana y Setúbal (Portugal), en once explotaciones de piedra calcárea, nueve de ellas sitas en territorio catalán.

161 A este respecto, nos remitimos al trabajo de DIOS VIÉITEZ, M., «Recursos mineros y ordenación del territorio», *REGAP, Revista Galega de Administración Pública*, núm. 44, 2012, pp. 417-440.

f) A la actividad administrativa de apoyo para la mejora e innovación en las actividades mineras, a fin de disminuir el impacto sobre los recursos naturales y la valorización integral de los recursos producidos en la búsqueda del cierre del ciclo productivo en Galicia.

El legislador gallego ha decidido establecer la ordenación de la minería en Galicia a través de un instrumento específico de ordenación cual es la figura de un plan sectorial de incidencia supramunicipal en aras de dotar de seguridad a un sector que, por su trascendencia económica, se anuda directamente a lo dispuesto en el artículo 128.1 de la CE.[162]

En lo que atañe a la estructura organizativa específica, se crea el Consejo de la Minería de Galicia como órgano colegiado de participación, consulta y asesoramiento de la administración en materia de minería, para lo que se le atribuyen funciones de informe preceptivo sobre los anteproyectos de ley, sobre los proyectos de reglamentos con incidencia en la minería y sobre el Plan sectorial de actividades extractivas de Galicia, así como otras de asesoramiento. Se constituyen, asimismo, el Registro Minero de Galicia, el cual inscribirá todos los derechos mineros autorizados o concedidos en el territorio de la comunidad, y el Registro de Solicitudes de Derechos Mineros, que determinará la prioridad de los derechos en función de su fecha de solicitud.

Por lo demás, en lo que aquí pudiera resultar de interés, la LOMG fija un procedimiento de otorgamiento de los derechos mineros en que el promotor puede «solicitar, a través del órgano minero, la elaboración del documento de alcance del estudio de impacto ambiental, para lo cual habrá de presentar el documento inicial del proyecto de conformidad con la legislación de evaluación ambiental vigente» (art. 17).

De modo análogo, en el ámbito autonómico balear, la Ley 10/2014, de 1 de octubre, de ordenación minera de las Illes Balears, dictada en desarrollo del artículo 31.15 del Estatuto de Autonomía de las Illes Balears, pretende llevar a cabo una regulación integral, moderna y eficaz del sector minero balear, representado mayoritariamente por la explotación de canteras, al tiempo de conseguir un equilibrio entre el desarrollo económico del sector industrial y la protección del medio ambiente, como señala en su exposición de motivos. A su vez, la norma tiene como objetivo la conciliación de un bien jurídico fundamental y digno de protección, como es el medio ambiente, con otro, no menos digno de protección, como es el desarrollo económico, la creación de riqueza y el empleo. En ese sentido, su artículo 53 prevé la coordinación con el procedimiento de evaluación ambiental: «1. No se podrán otorgar derechos mineros si previamente no se ha dictado la declaración de impacto ambiental, cuando sea necesaria de conformidad con la legislación vigente y las previsiones de esta ley. 2. A este efecto, el órgano ambiental competente, cuando formule la declaración ambiental,

---

162 Dios Viéitez, «Recursos mineros y ordenación…», *cit.*, p. 439.

ha de remitir una copia al órgano minero, que ha de incorporar sus condiciones al contenido de los derechos mineros».

La ley crea el Consejo de la Minería de las Illes Balears como órgano colegiado de participación, consulta y asesoramiento de la Administración de la comunidad en materia de minería, por lo que se le atribuyen, entre otras, funciones de asesoramiento y de emisión de informes vinculantes en supuestos como una posible modificación del Plan director sectorial de canteras de las Illes Balears, la elaboración de los respectivos planes directores insulares de ámbito minero o autorizaciones de las secciones C y D. Igualmente, se instaura el Registro Minero de las Illes Balears, en el que deben inscribirse todos los derechos mineros autorizados o concedidos en el territorio de las Illes Balears.

3. La protección del medio ambiente frente a las actividades mineras a través de la evaluación de impacto ambiental

3.1 Evaluación de impacto ambiental como instrumento protector del medio ambiente frente a las actividades extractivas

Como continuación de lo señalado en el capítulo anterior, relativo a las consecuencias de la minería sobre el medio ambiente a lo largo de la historia, hemos de volver a poner de manifiesto los innegables efectos de las actividades extractivas sobre el entorno físico. A juicio de Born, la densamente habitada Europa se ha enfrentado desde el siglo XIX «a una serie de fenómenos que se derivan de la intensificación masiva de la utilización del suelo [..] a saber, la extensión urbana, la fragmentación de los hábitats, la contaminación, los impactos sonoros, la contribución al calentamiento climático o, incluso, la destrucción de los paisajes urbanos y rurales».[163] Es en esta confluencia de intereses contrapuestos donde encuentran su razón de ser las diferentes técnicas de tutela ambiental aplicables a las actividades extractivas, como es el mecanismo de evaluación de impacto ambiental (en adelante, EIA).

Conscientes de esta realidad, los Estados Unidos fueron los pioneros en analizar las repercusiones en el medio que tenían las actuaciones federales relevantes y, movidos por la presión de los movimientos medioambientalistas, impusieron a partir de

---

163 Born, C.H., «El juez europeo y la Directiva de impacto ambiental», en García Ureta. A. M. (coord.), *La directiva de la Unión Europea de evaluación de impacto ambiental de proyectos: balance de treinta años*, Marcial Pons, Madrid, 2016, p. 10.

1969[164] a las autoridades federales con responsabilidad sobre acciones que requiriesen el otorgamiento de permisos, financiamiento o alguna otra acción clasificada como importante, la preparación de una evaluación ambiental previa al inicio de la construcción del proyecto en cuestión con impacto en el entorno natural.[165]

Siguiendo el ejemplo de la sociedad norteamericana, se implantó en el seno de la entonces Comunidad Europea la Directiva 85/337/CEE,[166] de 27 de junio de 1985, relativa a la evaluación de las repercusiones de determinados proyectos públicos y privados sobre el medio ambiente, conocida como Directiva de Evaluación de Impacto Ambiental[167] (en adelante, Directiva EIA), la cual sometía a control previo la ejecución de proyectos públicos o privados, ciertas obras, instalaciones y otras actividades susceptibles de tener especial trascendencia sobre el medio ambiente.

La Directiva EIA, en su versión original, tenía por objeto «proteger el medio ambiente y la calidad de vida garantizando, al mismo tiempo, la aproximación de las legislaciones nacionales en materia de evaluación de los efectos de proyectos públicos y privados sobre el medio ambiente. Es un instrumento fundamental de la integración de

---

164 Mediante la aprobación de la National Environmental Policy Act, 1969 (NEPA), y la creación de la Environmental Protection Agency (EPA), se acordó que «all agencies of the Federal Government shall identify and develop methods and procedures, in consultation with the Council on Environmental Quality established by title II of this Act, which will insure that presently unquantified environmental amenities and values may be given appropriate consideration in decision making along with economic and technical considerations» (NEPA. Sec. 102 [42 USC § 4332]).

165 La orientación y principios contenidos en la NEPA se fueron extendiendo a otros países, hasta alcanzar una difusión generalizada. Experiencias tempranas en este campo las aportaron Canadá, Nueva Zelanda y Australia (en 1973), Alemania (1975), Francia (1976), Filipinas (1977) o Japón (1984). De cualquier forma, la mayor expansión de este método preventivo fue a partir de 1985, cuando la Unión Europea (entonces Comunidad Europea) la adoptó como un requisito para todos los países miembros a través de la Directiva del Consejo, de 27 de junio de 1985, relativa a la evaluación de las repercusiones de determinados proyectos públicos y privados sobre el medio ambiente. Sobre esta cuestión, *vid.* Pardo Buendía, M., *La evaluación del impacto ambiental y social para el siglo XXI*, Editorial Fundamentos, Madrid, 2002, p. 229 y ss.

166 La Directiva 337/85/CEE ha sido modificada posteriormente por la Directiva 97/11/CE, de 3 de marzo de 1997 (que amplía las categorías de actividades sometidas a procesos de evaluación de impacto ambiental); por la 2003/35/CE, de 26 de mayo de 2003 (la cual, integrando algunas disposiciones del Convenio de Aarhus, establece la participación del público en la elaboración de ciertos planes y programas relativos al medio ambiente); y por la 2009/31/CE, de 23 de abril de 2009, relativa al almacenamiento geológico de CO_2 (que somete a procesos de evaluación de impacto ambiental no solo la captura y el transporte de flujos de CO2 con fines de almacenamiento geológico, sino también los emplazamientos donde vaya a producirse el almacenamiento). Por otro lado, la Directiva 2001/42/CE del Parlamento Europeo y del Consejo, de 27 de junio de 2001, relativa a la evaluación de los efectos de determinados planes y programas en el medio ambiente, exige a los Estados miembros que pongan en práctica un procedimiento de evaluación ambiental estratégica de planes y programas (EAE), del todo complementario y coordinado con el previsto para los proyectos.

167 La Directiva se dictó al amparo de los artículos 100 y 235 del Tratado constitutivo de la Comunidad Europea, siguiendo los principios y líneas de actuación establecidos en el marco de los primeros programas comunitarios de acción ambiental (de 1973, 1977 y 1986). Así, el artículo 100 establecía lo siguiente: «El Consejo adoptará, por unanimidad y a propuesta de la Comisión, directivas para la aproximación de las disposiciones legales, reglamentarias y administrativas de los Estados miembros que incidan directamente en el establecimiento o funcionamiento del mercado común». Por su parte, el artículo 235 disponía esto: «Cuando una acción de la Comunidad resulte necesaria para lograr, en el funcionamiento del mercado común, uno de los objetivos de la Comunidad, sin que el presente Tratado haya previsto los poderes de acción necesarios al respecto, el Consejo, por unanimidad, a propuesta de la Comisión y previa consulta a la Asamblea adoptará las disposiciones pertinentes».

las consideraciones relativas al medio ambiente, se aplica a un amplio abanico de proyectos y los hace más sostenibles. [...] La Directiva armoniza los principios de la EIA introduciendo requisitos mínimos, en particular por lo que se refiere al tipo de proyectos que conviene someter a evaluación, las principales obligaciones de los promotores, el contenido de la evaluación y la participación de las autoridades competentes y del público».[168] En este punto, cabe señalar que esta novedosa exigencia de evaluación de la influencia de determinados proyectos en el entorno se fundamenta en dos principios de derecho europeo del medio ambiente: el principio de prevención y cautela, consagrado en el artículo 191.2 del Tratado de Funcionamiento de la Unión Europea (en adelante, TFUE), y el de desarrollo sostenible, mencionado en el artículo 11 del mismo tratado así como en el artículo 37 de la Carta de Derechos Fundamentales de la Unión Europea, a los que se han unido los principios de participación, transparencia y recurso efectivo del Convenio sobre el acceso a la información, la participación del público en la toma de decisiones y el acceso a la justicia en materia de medio ambiente, de 25 de junio de 1998 (en adelante, Convenio de Aarhus).[169]

En lo que atañe de manera específica a las actividades y proyectos que se inscribían en el ámbito de aplicación de la Directiva EIA originaria, cabe decir que se dividían en categorías cerradas enumeradas en los anexos I y II, según fueran los requerimientos a que se supeditaban. Así, los proyectos que pudieran tener repercusiones de gran envergadura sobre el medio ambiente, en especial debido a su naturaleza, dimensiones o localización, debían condicionarse a una evaluación obligatoria en lo que se refería a dichas contingencias (*i. e.* los que figuraban en su anexo I). Por el contrario, los proyectos que no necesariamente tenían efectos significativos en el entorno en todos los casos se listaban en el anexo II de la Directiva, entre los que se hallaba la industria extractiva, y quedaban sujetos a evaluación previa de impacto ambiental si el Estado miembro correspondiente apreciaba que sus características así lo exigían. A tal fin, el artículo 4.2 señala que «los Estados miembros podrán especificar, en particular, determinados tipos de proyectos que deban someterse a una evaluación o establecer criterios y/o umbrales necesarios para determinar cuales, entre los proyectos pertenecientes a las clases enumeradas en el Anexo II, deberán ser objeto de una evaluación».

La fecha límite para que los Estados miembros adoptaran dicha Directiva y se homogeneizaran en este aspecto fue el 3 de julio de 1988 (tres años después de ser notificados). No obstante, existían una serie de presupuestos a realizar por cada Estado miembro que llegaron a suponer desigualdades significativas entre ellos. Como subraya Pardo Buendía, «estas diferencias se sitúan, por ejemplo, en aspectos tales como el ritmo de desarrollo de la Directiva; la cobertura requerida para los proyectos;

---

168 *Vid.* COM (2009) 378 final, Informe de la Comisión al Consejo, al Parlamento Europeo, al Comité Económico y Social Europeo y al Comité de las Regiones sobre la aplicación y eficacia de la Directiva EIA (Directiva 85/337/ CEE del Consejo, modificada por las Directivas 97/11/CE y 2003/35/CE), p. 2.

169 Born, «El juez europeo y la Directiva...», *cit.*, p. 12.

la interpretación de los requerimientos de información; o en las previsiones hechas para la consulta y participación pública, [..] en el *scoping* o consultas previas, en el control de la calidad de los estudios técnicos, en los trabajos posteriores de control y seguimiento, así como en la formación de personal para acometer estas tareas o en las características que deben tener los proyectos para ser evaluados».[170] Esta necesidad de reforma de, entre otros aspectos, la inseguridad jurídica atinente a la configuración del ámbito de aplicación de la EIA y del objeto de las evaluaciones trajo causa de la modificación operada a través de la Directiva 97/11/CE del Consejo, de 3 de marzo de 1997, por la que se modifica la Directiva 85/337/CEE relativa a la evaluación de las repercusiones de determinados proyectos públicos y privados sobre el medio ambiente, y de la aprobación de la Directiva 2001/42/CE del Parlamento Europeo y del Consejo, de 27 de junio de 2001, relativa a la evaluación de los efectos de determinados planes y programas en el medio ambiente. Con la Directiva 97/11/CE se posibilitó la coherencia procedimental con el permiso ambiental regulado en la Directiva 96/61/CE, sobre la prevención y control integrados de la contaminación; se facilitó un mayor flujo de información, se amplió el anexo I y se configuró la obligatoriedad del anexo II,[171] incrementándose de forma importante el número de proyectos sujetos a EIA; y se incorporaron las disposiciones acordadas en el Convenio sobre la Evaluación del Impacto Ambiental en un Contexto Transfronterizo, que se preparó en Espoo (Finlandia) el 25 de febrero de 1991 (conocido como el Convenio de Espoo). Por su parte, la Directiva 2001/42/CE incrementó en mayor medida el ámbito de aplicación de la EIA, extendiéndolo a planes y programas.

La Directiva primigenia, con sus posteriores modificaciones, ha sido finalmente codificada en la Directiva 2011/92/UE del Parlamento Europeo y del Consejo, de 13 de diciembre de 2011, relativa a la evaluación de las repercusiones de determinados proyectos públicos y privados sobre el medio ambiente,[172] que constituye el texto de referencia en vigor y que trataremos cuando examinemos el actual marco jurídico.

En cuanto a la transposición[173] de la Directiva original, huelga decir que, con la entrada de España en las Comunidades Europeas, el legislador interno tuvo que incorporar al ordenamiento las directrices de la política ambiental comunitaria, en este caso de evaluación de impacto ambiental y, a tal objeto, el Gobierno español aprobó, como legislación básica, el Real Decreto Legislativo 1302/1986, de 28 de junio, de evaluación de impacto ambiental (en adelante, DLEIA), y, con posterioridad, su regla-

---

170 Pardo Buendía, *La evaluación del impacto ambiental y social…*, cit., p. 239.

171 Rosa Moreno, J., «La evaluación de impacto ambiental. Intervención de los entes locales», en Esteve Pardo, J. (coord.), *Derecho del Medio Ambiente y Administración Local*, Civitas Ediciones, Madrid, 1995, p. 105.

172 Ha sido modificada, a su vez, por la Directiva 2014/52/UE del Parlamento Europeo y del Consejo, de 16 de abril de 2014, relativa a la evaluación de las repercusiones de determinados proyectos públicos y privados sobre el medio ambiente.

173 El Tribunal de Justicia condenó a España por la transposición tardía de la Directiva 85/37/CE. *Vid.* TJCE asunto C-474/99, de 13 de junio de 2002, Comisión c. España.

mento de ejecución mediante el Real Decreto 1131/1988, de 30 de septiembre, que definieron las fases del proceso de EIA, el contenido del estudio de impacto ambiental y los proyectos que debían someterse al proceso de EIA.[174] El DLEIA, haciendo uso de su potestad ampliatoria (en virtud del mencionado artículo 4.2 de la Directiva EIA), añadió a los proyectos que constaban en el anexo de la Directiva «la extracción a cielo abierto de hulla, lignito u otros minerales»[175] en el número 12 de su anexo,[176] por lo que, a partir de la finalización del periodo de *vacatio legis* de dos años, dichas actividades ubicadas en España fueron sometidas a evaluación de impacto ambiental.

Hogaño, en España está vigente la Ley 21/2013, de 9 de diciembre, de evaluación ambiental, cuyo contenido estudiaremos más adelante.

3.1.1 EIA: definición, alcance y contenido

En este punto de la exposición, consideramos preciso hacer un paréntesis para delimitar qué puede entenderse por evaluación de impacto ambiental, pues, además de tener varios enfoques multidisciplinarios, tiene y ha tenido siempre un amplio rango de definiciones dependiendo del énfasis que se ha dado a sus notas características. Una primera acepción, más generalista, denominaría evaluación de impacto ambiental a todo el procedimiento necesario para la valoración de las repercusiones ambientales de las distintas alternativas de un proyecto determinado, con el objetivo de seleccionar la mejor desde un punto de vista[177] ambiental.[178]

Más allá de esta definición básica, hallamos otras que se centran en una de las características esenciales que definen dicho instrumento, que es su carácter preven-

---

174 Esta legislación se encuentra actualmente derogada por la Ley 21/2013, de 9 de diciembre, de evaluación ambiental (que a su vez derogó el Real Decreto Legislativo 1/2008, de 11 de enero, por el que se aprueba el texto refundido de la Ley de Evaluación de Impacto Ambiental de proyectos), que unificó en una sola norma las disposiciones de la Ley 9/2006, de 28 de abril, sobre evaluación de los efectos de determinados planes y programas en el medio ambiente, y el Real Decreto Legislativo 1/2008, de 11 de enero, por el que se aprueba el texto refundido de la Ley de Evaluación de Impacto Ambiental de proyectos, y modificaciones posteriores al citado texto refundido.

175 El Tribunal Supremo ha entendido que la expresión «u otros minerales» «no permite circunscribirla sólo a alguno de los recursos recogidos en la Ley de Minas de 1973 de las Secciones C) y D), pues la voluntad del legislador fue la de someter a la evaluación de impacto ambiental cualquier extracción a cielo abierto, incluyendo, por tanto, los recursos de la Sección A), como así lo corrobora la Exposición de Motivos, cuando se refiere a los planes de restauración de los espacios naturales afectados por actividades extractivas a cielo abierto» (STS de 7 de marzo de 2006, FJ 1).

176 *Vid.* la STS 4903/2003 de 10 de julio, relativa a la interpretación de las citadas previsiones, en concreto la que somete a evaluación de impacto ambiental las explotaciones a cielo abierto visibles desde autopistas, autovías, carreteras nacionales y comarcales o núcleos urbanos superiores a 1.000 habitantes o situadas a distancias inferiores a dos kilómetros de estos núcleos (FJ 5).

177 Algunos autores inciden en que la EIA hace referencia a una noción de medio ambiente amplia en la que operaría el principio de universalidad en cuanto a la tipología de sus componentes ambientales (incluyendo la salud humana, el patrimonio histórico, el cultural y artístico). *Vid.* ROSA MORENO, «La evaluación de impacto ambiental…», *cit.*, p. 108.

178 GARMENDIA, A., SALVADOR, A., CRESPO, C. y GARMENDIA, L., *Evaluación de impacto ambiental*, Pearson Educación, Madrid, 2005, p. 27 y ss.

tivo.[179] Bajo este acento, autores como PARDO BUENDÍA definen la EIA como «un instrumento de planificación y gestión ambiental cuyo objetivo es la prevención [...] y que está en constante ampliación».[180]

Desde una perspectiva regulatoria, en cambio, el concepto jurídico de EIA ha evolucionado a lo largo de los años, transitando desde una visión procedimental, más limitada al hábitat físico, hacia un concepto global de protección más amplio e integrador de otros procesos sociales. Así, a modo de ejemplo, el preámbulo del Real Decreto Legislativo 1302/1986, de 28 de junio, de evaluación de impacto ambiental, define *ex novo* la evaluación ambiental como «una técnica generalizada en todos los países industrializados, [...] que, reiteradamente, a través de los programas de acción, la han reconocido como el instrumento más adecuado para la preservación de los recursos naturales y la defensa del medio ambiente», y como «la forma más eficaz para evitar los atentados a la naturaleza, proporcionando una mayor fiabilidad y confianza a las decisiones que deban adoptarse, al poder elegir, entre las diferentes alternativas posibles, aquella que mejor salvaguarde los intereses generales desde una perspectiva global e integrada y teniendo en cuenta todos los efectos derivados de la actividad proyectada».

Por otro lado, la Ley 21/2013, de 9 de diciembre, de evaluación ambiental, actual norma vigente, define en su artículo 5.1 la evaluación ambiental como aquel «proceso a través del cual se analizan los efectos significativos que tienen o pueden tener los planes, programas y proyectos, antes de su adopción, aprobación o autorización sobre el medio ambiente, incluyendo en dicho análisis los efectos de aquellos sobre los siguientes factores: la población, la salud humana, la flora, la fauna, la biodiversidad, la geodiversidad, la tierra, el suelo, el subsuelo, el aire, el agua, el clima, el cambio climático, el paisaje, los bienes materiales, incluido el patrimonio cultural, y la interacción entre todos los factores mencionados. La evaluación ambiental incluye tanto la evaluación ambiental estratégica, que procede respecto de los planes o programas, como la evaluación de impacto ambiental, que procede respecto de los proyectos». Es importante tener presente este último inciso, pues la EIA puede referirse no solo al propio lugar de extracción, sino también a todas las instalaciones asociadas, como vías de acceso, cintas transportadoras, trituradoras, zonas de almacenamiento, vertidos de dragados, estanques, etc. De igual manera, son susceptibles de estar incluidas en la EIA todas las fases de la propuesta de desarrollo, desde la exploración inicial y funcio-

---

179 En este fundamento preventivo se ha basado la doctrina constitucional recaída en relación con el objeto y finalidad de la EIA. Así, el Alto Tribunal la ha entendido en reiteradas ocasiones como «una técnica o instrumento de tutela ambiental preventiva, con relación a proyectos de obras y actividades, de ámbito objetivo global o integrador y de naturaleza participativa» (STC 53/2017 de 11 de mayo de 2017, FJ 3). En idénticos términos: STC 64/1982, de 4 de noviembre (FJ 4), STC 90/2000, de 30 de marzo (FJ 4), y, más recientemente, STC 57/2015, de 18 de marzo (FJ 4).

180 PARDO BUENDÍA, *La evaluación del impacto ambiental y social...*, cit., p. 27.

namiento de la mina o cantera (incluida su rotación/expansión) hasta su cierre final y rehabilitación.[181]

Por otra parte, en las aportaciones de la doctrina administrativa también ha sido recurrente la polémica en torno a la figura de la EIA por el grado de discrecionalidad técnica que algunos autores entienden que tiene la Administración en la materia.[182] De acuerdo con De Vicente Domingo, este «es un tema estrella en la historia del derecho administrativo español, con un notable recorrido, que ha conocido debates llenos de ideas, vivacidad, e incluso apasionamiento; debate que, con menor intensidad, sigue suscitando polémica entre los autores, un debate por tanto recurrente y nunca agotado».[183] Aunque no quepa ahora profundizar en esta cuestión, no son pocas las voces que estiman que en el proceso de evaluación existen amplios márgenes de apreciación, opción y decisión de la Administración,[184] según sea su conocimiento del entorno natural y de la técnica en lo que respecta a la identificación y a la valoración de los impactos, a la selección de alternativas viables y a la imposición de medidas.[185] A este recelo ante la actuación administrativa se suman catástrofes ambientales tales como el vertido de los residuos mineros de Aznalcóllar[186] en el año 1998 al Parque Nacional de

---

181 *Guía de la Comisión Europea sobre la realización de actividades extractivas no energéticas de conformidad con los requisitos de Natura 2000* (Comisión Europea, julio de 2010), Oficina de Publicaciones de la Unión Europea, Luxemburgo, 2011, p. 6.

182 Sobre los límites de la discrecionalidad técnica administrativa, es jurisprudencia asentada considerar que «los órganos administrativos a quienes corresponde la valoración de las pruebas de acceso a la función pública gozan de un cierto margen de discrecionalidad en la apreciación de las pruebas, que incluso merece la calificación de técnica no revisable jurisdiccionalmente en lo que se refiere a los juicios que la Administración emita acerca de la apreciación de los méritos aportados o ejercicios realizados, pero ello no excluye el que los Tribunales puedan controlar la concurrencia de los límites generales jurídicamente impuestos a la actividad discrecional no técnica de la Administración que se refieren a la competencia del órgano, procedimiento, hechos determinantes, adecuación al fin perseguido y al juego de los principios generales del derecho, entre los que, en estos casos, cobran especial interés los de mérito y capacidad expresamente señalados al efecto por el artículo 103 CE» (STS 29 de octubre de 2012, FJ 5). Idénticas previsiones se recogen en las sentencias del TS de 5 de octubre de 1989 y de 18 de julio de 2012.

183 De Vicente Domingo, R., «La extensión a las evaluaciones de impacto ambiental de la doctrina jurisprudencial sobre el control de la discrecionalidad técnica de los tribunales calificadores de pruebas selectivas para el acceso al empleo público», *Actualidad Jurídica Ambiental*, núm. 102/2, 2020, p. 800.

184 Según expone Rosa Moreno, «La evaluación de impacto ambiental…», *cit.*, p. 109, uno de los principales problemas apuntados en este ámbito gira en torno a la influencia de la incertidumbre científica en la solución de los conflictos ambientales, ya que, aunque existan criterios que sirvan para reducir el margen de error y principios generales del derecho que puedan operar en su ponderación, lo cierto es que nos encontramos en un ámbito, el de los riesgos ambientales, en el que los problemas a dilucidar son complejos y no siempre bien comprendidos.

185 Sobre esta cuestión, *vid.* Santamaría Arinas, R. J., «Evaluando al evaluador: razones técnicas, jurídicas y políticas en la evaluación de impacto ambiental de proyectos», en García Ureta, A. M. (coord.), *La directiva de la Unión Europea de evaluación de impacto ambiental de proyectos: balance de treinta años*, Marcial Pons, Madrid, 2016, p. 30 y ss.

186 Se trata de un accidente sucedido en Aznalcóllar (Sevilla) en 1998, en el que se produjo la rotura de la balsa de almacenamiento de residuos mineros y el consiguiente vertido al río Guadalquivir, y que ha planteado muchas dudas sobre su eventual prevención, en este caso derivadas de que apenas dos años antes se hubiese autorizado bastante expeditivamente una ampliación de su capacidad mediante recrecimiento del dique, sin EIA y sin considerar la existencia de filtraciones. Sobre el suceso, *vid.* García Álvarez, G., «Jurisprudencia contencioso-administrativa: el caso Aznalcóllar», en López Ramón, F. (coord.), *Observatorio de políticas ambientales 2012*, Thomson-Reuters Aranzadi, Navarra, 2012, p. 233 y ss.

Doñana o el derrame y concentración de residuos mineros en la bahía de Portmán,[187] en el 2004, que no hacen más que incrementar la desconfianza del ciudadano y la crítica entre los expertos acerca de la eficacia de las normas que regulan los aspectos procedimentales de prevención de la contaminación y los desastres ambientales, entre ellos, el mecanismo objeto de estudio.

Al margen de estas consideraciones nada pacíficas, y avanzando en el discurso, hay que reseñar, por último, otras opiniones del campo académico que ponen el acento en otros aspectos de la EIA, como lo referido a la participación de la comunidad afectada y de los grupos de interés, como la de Martín Mateo, quien considera que el instrumento «es un procedimiento participativo para la ponderación anticipada de las consecuencias ambientales de una prevista decisión de Derecho Público»;[188] o que se basan en un enfoque más garantista, como Moreno Molina, para quien la EIA representa «un procedimiento autónomo y de carácter obligatorio y previo al otorgamiento de aquellas autorizaciones sectoriales, constituyendo por ello una garantía procesal de la integración de las exigencias medioambientales en el proceso de modificación antrópica del espacio».[189]

De este conjunto de definiciones[190] se desprende, sin duda, que una característica fundamental del mecanismo de EIA es su naturaleza procedimental. Pero es precisamente dicho atributo una de las críticas que más le han achacado. Así, en palabras de Santamaría Arinas, «la normativa de la EIA es puramente procedimental y carece de reglas sustantivas de obligado cumplimiento [...]. Constituye, por definición, meramente un juicio, un informe no vinculante para la autorización o aprobación del proyecto».[191] Existen otras aproximaciones concurrentes, como la de Álvarez Carreño, quien enfatiza que hay que «tener en cuenta su naturaleza estrictamente procedi-

---

187 En esta operación minero-metalúrgica se realizó el vertido de residuos del proceso de flotación directamente al mar Mediterráneo, lo que provocó la contaminación de la bahía de Portmán con sedimentos ricos en materiales pesados y el consiguiente deterioro de la flora y la fauna marinas de la región. Los efectos de la contaminación perduran hasta nuestros días. Para mayor detalle acerca de las causas, *vid.* Rodríguez, R., Oldecop, L. y Salvadó, V., «Los grandes desastres medioambientales producidos por la actividad minero-metalúrgica a nivel mundial: causas y consecuencias ecológicas y sociales», *Revista del Instituto de Investigaciones FIGMMG*, núm. 24, 2009.

188 Martín Mateo, R., *Manual de Derecho Ambiental*, vol. I, Trivium, Madrid, 1995, pp. 301-336.

189 Moreno Molina, A. M., «Capítulo 31: El control de la actividad minera desde el derecho urbanístico», en Fernández Ruiz, J. y Pérez Gálvez, J. F. (dirs.), *Homenaje de Aida al Profesor D. Jesús González Pérez*, Tirant lo Blanch, Valencia, 2019, pp. 607-629.

190 Destaca García Ureta, A., «Un comentario sobre la Ley 9/2018, de reforma de la Ley 21/2013, de evaluación ambiental», *Actualidad Jurídica Ambiental*, núm. 87, 2019, p. 6, la discusión no finalizada sobre la naturaleza de la EIA, acerca de si se trata de un procedimiento administrativo en que el enfoque está en los efectos ambientales (punto de vista tecno-racional), o bien si va más allá e incide sustantivamente en el diseño y ejecución de un proyecto.

191 Santamaría Arinas, «Evaluando al evaluador...», *cit.*, p. 30 y ss. El autor va más allá, de hecho, y afirma que «se diría que la regulación no está tan mal, pero que su aplicación práctica no contenta ni a quienes ven en la EIA un estorbo para su peculiar concepción del "progreso" ni tampoco a quienes esperan de ella la solución mágica de enconados conflictos ambientales».

mental dado que el mecanismo no instaura por sí mismo ninguna norma de protección ambiental, a diferencia del art. 6, apdos. 3 y 4 de la Directiva Hábitats».[192]

Ante esta variada respuesta doctrinal en la que se entremezclan y usan tan diversos conceptos, nos vemos en la necesidad de sintetizar los aspectos que, en mayor o menor medida, se le atribuyen a la EIA y que son los siguientes: la descripción, explicación, control de la actividad o proyecto y la mitigación de las posibles afectaciones; el estudio del efecto del proyecto o actividad y sus consecuencias en el entorno; la responsabilidad pública por conocer los cambios tecnológicos y constreñir los intereses privados; y la necesidad de un consenso social sobre las decisiones de desarrollo económico a través de la participación pública.[193]

3.2 Marco jurídico de referencia de la evaluación ambiental

No puede entenderse un estudio del procedimiento de evaluación de impacto ambiental como metodología de ayuda en la toma de decisiones de las administraciones a la hora de autorizar proyectos con incidencia ambiental sin un examen del marco normativo que la rige. En este sentido, en el análisis del marco legal que nos disponemos a hacer distinguiremos tres niveles: el de la Unión Europea, el estatal y el autonómico.

3.2.1 Marco jurídico de la Unión Europea

Como ya hemos ido apuntando, la Directiva 85/377/CEE de 27 de junio de 1985 puso en marcha la experiencia de la evaluación de impacto ambiental como técnica en el ámbito comunitario, y tras una serie de reformas necesarias, se procedió a la codificación del texto original y de sus modificaciones a través de la Directiva 2011/92/UE del Parlamento Europeo y del Consejo, de 13 de diciembre (a su vez modificada por la Directiva 2014/52/UE del Parlamento Europeo y del Consejo, de 16 de abril de 2014, relativa a la evaluación de las repercusiones de determinados proyectos públicos y privados sobre el medio ambiente), que constituye el texto de referencia actualmente en vigor. De manera complementaria, se aprueba la Directiva 2001/42/CE del Parlamento Europeo y del Consejo, de 27 de junio de 2001, relativa a la evaluación de los efectos de determinados planes y programas en el medio ambiente. Tal y como se halla configurada en el momento presente, la Directiva EIA impone a los Estados miembros

---

192 ÁLVAREZ CARREÑO, A. M., «Instrumentos jurídicos transversales de tutela ambiental de la actividad minera: la evaluación de impacto ambiental», en FERNÁNDEZ SCAGLIUSI, M. A. (coord.) y MONTOYA MARTÍN, E. (dir.), *Minería y medio ambiente en el siglo xxi. Una visión global y de derecho comparado*, Aranzadi Thomson Reuters, Madrid, 2021, p. 120.
193 PARDO BUENDÍA, M., «La evaluación del impacto ambiental», *Revista de la Facultad de Ciencias Humanas y Sociales de la Universidad Pública de Navarra*, núm. 1, 1994, p. 246.

la puesta en práctica de un procedimiento de ayuda a la decisión articulada en tres aspectos principales:

- Un procedimiento de evaluación científica del impacto ambiental de proyectos considerados como susceptibles de tener repercusiones notables en el medio ambiente (en la caso de que se encuentren recogidos en los anexos I o II de la Directiva) (artículos 4 y 5).

- Un procedimiento de consultas a las autoridades ambientales competentes y de participación del público en el proceso decisional, antes de que la autorización sea acordada, en un estadio suficientemente temprano del procedimiento (artículo 6).

- Una posibilidad de recurso contra la decisión final (artículo 11) para impugnar la legalidad, en cuanto al fondo o al procedimiento, de decisiones, acciones u omisiones que caigan dentro del ámbito de las disposiciones relativas a la participación del público.[194]

Es importante resaltar que nos encontramos ante una normativa europea que ha ocasionado numerosas denuncias sobre su aplicación incorrecta, calificada, incluso, como la directiva cuya puesta en práctica ha causado mayores problemas. Dichas denuncias se refieren a varios aspectos, algunos de ellos de entidad, como la calidad de los estudios de impacto, la escasa observancia de las recomendaciones que se derivan de la evaluación, la aplicación incorrecta del anexo II o la defectuosa normativa en caso de efectos transfronterizos.[195] Por ello, el papel del contencioso europeo como medio de control de las decisiones administrativas relativas a la evaluación de repercusiones de proyectos ha sido de gran utilidad tanto en cuestiones prejudiciales (a través del artículo 267 TFUE) como en recursos de incumplimiento (iniciados en virtud del artículo 258 TFUE tanto por la incorrecta o deficiente transposición[196] de la Directiva como por la mala aplicación de esta).

Sin ánimo de ser exhaustivos profundizando en la extensa jurisprudencia del TJUE en este particular, podemos traer a colación algunos asuntos dirigidos contra España, en concreto, en oposición a una serie de «prácticas consistentes en segmentar, fraccionar artificialmente, los proyectos del Anexo II con la finalidad de escapar de la aplicación de los umbrales por encima de los cuales se requiere una evaluación»,[197] como ha sido el caso de una cuestión prejudicial presentada en el marco de un litigio

---

194 Born, «El juez europeo y la Directiva…», *cit.*, p. 13.
195 Álvarez Carreño, «Instrumentos jurídicos transversales…», *cit.*, p. 121.
196 A modo de ejemplo, citaremos las siguientes sentencias: TJCE, asunto C-201/02, de 7 de enero de 2004, Delena Wells c. Secretary of State for Transport, Local Government and the Regions (Inglaterra); TJCE, asunto C-104/15, de 19 de noviembre de 2002, Comisión c. Bélgica; TJCE, asunto C-392/96, de 21 de septiembre de 1999, Comisión c. Irlanda; TJCE, asunto C-486/04, de 23 de noviembre de 2006, Comisión c. Italia; o TJCE, asunto C-117/02, de 29 de abril de 2004, Comisión c. Portugal.
197 Álvarez Carreño, «Instrumentos jurídicos transversales…», *cit.*, p. 121.

entre la asociación Ecologistas en Acción-CODA y el Ayuntamiento de Madrid acerca de una resolución administrativa de aprobación de diversos proyectos de reforma y mejora de la práctica totalidad de la autovía de circunvalación de Madrid (asunto C-142/07, de 25 de julio de 2008); o el de un recurso por incumplimiento presentado por la Comisión de las Comunidades Europeas contra el Reino de España por no someter a EIA el «proyecto de línea ferroviaria Valencia-Tarragona», que forma parte del proyecto de larga distancia del Corredor del Mediterráneo, habiéndolo segmentado en tramos de pequeña importancia para que tanto el proyecto considerado en su globalidad como los tramos surgidos de dicho fraccionamiento pudieran eludir lo dispuesto en la Directiva 85/337 (asunto C-227/01, de 16 de septiembre de 2004).[198] Pues bien, los pronunciamientos del Tribunal han sido similares en ambos procesos, en el sentido de entender que «el objetivo de la Directiva modificada no puede eludirse mediante el fraccionamiento de un proyecto y que el hecho de que no se considere el efecto acumulativo de varios proyectos no debe tener como consecuencia práctica que se sustraigan en su totalidad a la obligación de evaluación cuando, considerados conjuntamente, puedan tener efectos significativos en el medio ambiente [...]».[199] La tercera sentencia que es preciso destacar, por ser un ejemplo paradigmático en materia minera, deriva de un recurso de la Comisión contra el Reino de España por el incumplimiento de las normativas comunitarias sobre la evaluación de impacto ambiental y la protección de los hábitats en relación con el desarrollo de actividades mineras dentro de espacios de la Red Natura 2000 en la Comunidad Autónoma de Castilla y León. En el caso que nos ocupa, el fallo del TJUE condena a España por haber permitido el ejercicio de determinadas actividades mineras de carbón a cielo abierto sin supeditar la concesión de las correspondientes autorizaciones a la realización de una evaluación que permitiera identificar, describir y evaluar de manera apropiada los efectos directos, indirectos y acumulativos de los proyectos de explotación a cielo abierto existentes en lo que respecta a las perturbaciones sobre dos especies problemáticas: el oso pardo y el urogallo (asunto C-404/09, de 24 de noviembre de 2011).

Esta somera enumeración de ejemplos jurisprudenciales pone de manifiesto la contribución del TJUE en este asunto, en su papel de asegurar el «respeto del Derecho en la interpretación y la aplicación de los tratados» (artículo 19 del Tratado de la Unión Europea, en adelante TUE) con respecto a cuestiones tan relevantes como, entre otras, la clarificación de las definiciones de «proyecto»[200] o de «autorización»,[201]

---

198 Otros ejemplos de sentencias contra España, sobre esta materia, serían: TJCE, asunto C-121/03, de 8 de septiembre de 2005, Comisión c. España o TJCE, asunto 560/08, de 15 de diciembre de 2011, Comisión c. España.
199 Asunto C-142/07, de 25 de julio de 2008 (FJ 44).
200 TJCE, asunto V-127/02, de 7 de septiembre de 2004, Landelijke Vereniging tot Behoud van de Waddenzee.
201 TJCE, asunto C-201/02, de 7 de enero de 2004, Delena Wells c. Secretary of State for Transport, Local Government, and the Regions.

los anexos I y II[202] y el procedimiento de determinación de los trabajos sometidos a evaluación, la obligación de tener en cuenta los efectos acumulados de los proyectos con otras actividades que confluyan con estos y los impactos de la explotación de una obra, además de los de construcción[203] de este. Sobre la base de estas cuestiones que precisaban clarificación y a la luz del número de asuntos sometidos al TJUE, la Comisión ha emitido recientemente un documento de orientación[204] al objeto de aportar aclaraciones a las autoridades competentes y a las partes interesadas sobre la aplicación de la Directiva 2011/92/UE del Parlamento Europeo y del Consejo.

3.2.2 Marco legislativo estatal

Con anterioridad a la entrada en vigor en España del primer decreto que estableció el régimen jurídico aplicable a la EIA, las evaluaciones ambientales habían estado regulándose de modo fragmentario y marginal y sin utilizar la denominación actual, por lo que en ningún caso puede hablarse de que existió una normativa explícita en este ámbito. A pesar de ello, para algunos autores se encuentran precedentes de evaluaciones en actuaciones por parte de la Administración pública, con mayor o menor obligatoriedad en el cumplimento de sus resultados,[205] e, incluso, desde una óptica sectorial, refieren antecedentes en el conjunto de leyes españolas que inciden en la problemática ambiental, específicamente en cuatro campos principales: las actividades clasificadas como molestas, insalubres y peligrosas, la protección del ambiente atmosférico, las actividades mineras extractivas a cielo abierto y, por último, las aguas continentales.[206] De este modo, por lo que respecta a la primera materia, en el Decreto 2414/1961, de 30 de noviembre, por el que se aprueba el Reglamento de Actividades Molestas, Insalubres, Nocivas y Peligrosas, ya se proponía la adopción de ciertas medidas correctoras para evitar la repercusión sobre la sanidad ambiental de aquellas actividades que produjeran incomodidades o alteraran las condiciones normales de salubridad e higiene del medio ambiente ocasionando daños a la riqueza pública o privada, o implicaran riesgos graves para las personas o bienes.[207] Por su parte, el Decreto 833/1975, de 6 de febrero,[208]

---

202 TJCE, asunto C-431/92, de 11 de agosto de 1995, Comisión c. Alemania.

203 TJUE, asunto C-244/12, 21 de marzo de 2013, Salzburger Flughafen GmbH v. Umweltsenat.

204 Comunicación de la Comisión relativa a la aplicación de la Directiva sobre la evaluación del impacto ambiental (Directiva 2011/92/UE del Parlamento Europeo y el Consejo, en su versión modificada por la Directiva 2014/52/UE) a las modificaciones y extensiones de los proyectos —anexo I, punto 14 y anexo II, punto 13, letra a)—, incluidos los conceptos y principios más importantes relacionados con estas.

205 Pardo Buendía, *La evaluación del impacto ambiental y social…*, cit., p. 45, menciona el supuesto del Ayuntamiento de Bermeo (Vizcaya) en el proyecto de extracción de gas denominado Gaviota.

206 Martínez Ruiz, C., Fernández Santos, M. B. y Gómez Gutiérrez, J. M., «Evaluación de impacto ambiental aplicada a las obras de infraestructura vial y minería a cielo abierto, en la Unión Europea, España y La Rioja», *Zubía*, núm. 8, 1996, p. 212.

207 *Vid. supra* en p. 40.

208 Derogado parcialmente por el Real Decreto 100/2011, de 28 de enero, por el que se actualiza el catálogo de actividades potencialmente contaminadoras de la atmósfera y se establecen las disposiciones básicas para su aplicación, excepto su anexo IV para instalaciones del grupo C.

por el que se desarrolla la Ley 38/1972, de 22 de diciembre, de protección del ambiente atmosférico, y la derogada Orden de 18 de octubre de 1976, del Ministerio de Industria, regulaban los aspectos necesarios para permitir un control adecuado de la contaminación atmosférica y establecían valores límites de emisión de partículas dañinas a la atmósfera para un catálogo de actividades potencialmente contaminadoras. A propósito de las actividades mineras extractivas a cielo abierto, los derogados Real Decreto 2994/1982, de 15 de octubre, sobre restauración de espacio natural afectado por las actividades mineras, y Real Decreto 1116/1984, de 9 de mayo,[209] sobre restauración del espacio natural afectado por las explotaciones de carbón a cielo abierto y el aprovechamiento racional de estos recursos energéticos, establecían la obligación de los titulares del aprovechamiento de restaurar el espacio natural afectado por las actividades mineras, sobre todo en explotaciones a cielo abierto o en las subterráneas en que las instalaciones o trabajos alteraran sensiblemente dicho espacio, para lo cual debían presentar, previamente al otorgamiento de la concesión, un plan de restauración de los terrenos afectados así como la formalización de las garantías correspondientes en favor de la Administración competente en aras de asegurar su cumplimiento. Finalmente, la Ley 29/1985, de 2 de agosto, de Aguas, sustituida por el Real Decreto Legislativo 1/2001, de 20 de julio, por el que se aprueba el texto refundido de la Ley de Aguas, imponía con carácter preceptivo, en su artículo 90, que, en la tramitación de las concesiones y autorizaciones que afectaran al dominio hidráulico y a la vez implicaran riesgos para el medio ambiente, fuera necesaria la presentación de una evaluación de sus efectos.

Debemos destacar también, en el ámbito autonómico, la todavía vigente Ley catalana 12/1985, de 13 de junio, de Espacios Naturales, que, en su capítulo tercero, considera que deben someterse a evaluación aquellas obras y actividades que pudieran perjudicar notoriamente los valores preservados en los espacios naturales protegidos.

Vistos someramente los antecedentes y llegados a este punto, creemos pertinente adentrarnos ya en el régimen vigente que nos ofrece la Ley 21/2013, de 9 de diciembre, de evaluación ambiental (en adelante, LEA), y sus modificaciones operadas por la Ley 9/2018,[210] de 5 de diciembre, y por el reciente Real Decreto 445/2023, de 13

---

209 Ambos decretos introdujeron pioneramente los estudios de impacto ambiental. El Real Decreto 2994/1982, en su artículo 9, exigía que los titulares de las explotaciones los presentaran ante la Administración en aquellos casos en que la actividad ya estuviera en marcha por haberse otorgado la concesión con anterioridad a la entrada en vigor del Decreto, mientras que el artículo 2.2 del Real Decreto 1116/1984 los incluía como parte del plan de restauración que presentaban los titulares, con el fin de planificar la restauración y protección ambiental necesaria.

210 Tras la remisión por parte de la Comisión Europea de sendas cartas, con fecha 29 de mayo de 2015 y 18 de octubre de 2017, de emplazamiento a España en las que consideraba que el legislador español había consagrado algunos umbrales no suficientemente justificados en los epígrafes del anexo II de la Ley 21/2013, de 9 de diciembre, de forma que no se adecuaba a lo dispuesto en la Directiva 2011/92/UE del Parlamento Europeo y del Consejo, de 13 de diciembre de 2011, se aprobó la Ley 9/2018, que, aunque con retraso, vino a transponer la Directiva 2014/52/

de junio.[211] La referida ley presenta como principal novedad la de unificar en un único texto legal el régimen jurídico de la evaluación ambiental de planes y programas,[212] que hasta ahora se encontraba regulado en la Ley 9/2006, de 28 de abril, sobre evaluación de los efectos de determinados planes y programas en el medio ambiente, y el de los proyectos, que se regía por el Real Decreto Legislativo 1/2008, de 11 de enero, por el que se aprueba el texto refundido de la Ley de Evaluación de Impacto Ambiental de proyectos. Hay que aclarar aquí que la aprobación de la LEA no perseguía el cumplimiento de ninguna obligación de carácter formal de transposición al ordenamiento jurídico interno de normativa de la Unión Europea,[213] pues la legislación existente ya se ajustaba a las exigencias comunitarias y, a mayor abundamiento, la futura reforma europea materializada en la Directiva 2014/52/UE se encontraba por aquel entonces todavía en proceso de elaboración.[214] Por el contrario, el nuevo texto normativo tuvo como objetivo principal el establecer una regulación conjunta y un esquema similar de tramitación para los dos procedimientos (evaluación ambiental estratégica y evaluación de impacto ambiental), unificando con ello la terminología de ambos, que ciertamente resultaba confusa en el pasado, además de simplificar la legislación vigente en la materia. El legislador habría puesto fin, así, a los perjuicios que se habían venido originando con ocasión de la aplicación de un marco legal fragmentado desde una doble vertiente: por un lado, por la regulación de la EIA y la evaluación ambiental de planes y programas, también llamada evaluación ambiental estratégica (en adelante, EAE), en cuerpos normativos diferentes que ni siquiera contemporizaban entre ellos, y, por otro, por la falta de referencia a las comunidades autónomas en la materia y la exigua regulación que estas habrían llevado a cabo.[215] De acuerdo con su exposición de motivos, la unificación y el objetivo de concertación aludido tienen como finalidad incrementar la seguridad jurídica de los promotores y evitar procesos de deslocalización.

UE del Parlamento y del Consejo, de 16 de abril de 2014, por la que se modifica la Directiva 2011/92/UE, relativa a la evaluación de las repercusiones de determinados proyectos públicos y privados sobre el medio ambiente.

211 Por el que se modifican los anexos I, II y III de la Ley 21/2013, de 9 de diciembre, de evaluación ambiental, a fin de garantizar una adecuada transposición de la Directiva 2011/92/UE del Parlamento Europeo y del Consejo, de 13 de diciembre de 2011, relativa a la evaluación de las repercusiones de determinados proyectos públicos y privados sobre el medio ambiente.

212 La LEA deroga la legislación anterior de impacto ambiental, esto es, la Ley 9/2006, de 28 de abril, sobre evaluación de los efectos de determinados planes y programas en el medio ambiente; el Texto Refundido de la Ley de Evaluación de Impacto Ambiental de Proyectos, aprobado por Real Decreto Legislativo 1/2008, de 11 de enero, y el Real Decreto 1131/1988, de 30 de septiembre, que aprobó el Reglamento para la ejecución del Real Decreto Legislativo 1302/1986.

213 El Consejo de Estado, en su Dictamen 760/2013, de 24 de julio, apreció que, en relación con el proyecto de LEA, la adopción de la Directiva 2011/92 no era la causa por la que se pretendía adoptar la LEA, sino la existencia de una «preocupante fragmentación normativa» como consecuencia del desarrollo autonómico.

214 Álvarez Carreño, «Instrumentos jurídicos transversales…», *cit.*, p. 134.

215 Toribio Jiménez, «Régimen jurídico de la restauración ambiental en…», *cit.*, p. 297.

Otra novedad[216] introducida por la ley es la figura de los bancos de conservación de la naturaleza, mecanismo voluntario que permite compensar, reparar o restaurar las pérdidas netas de valores naturales, y que será objeto de desarrollo reglamentario. Aunque es una herramienta jurídica de protección ambiental, «su modo de operación es el de un instrumento de mercado: un banco es un terreno al cual se le atribuyen una determinada cantidad de créditos ambientales, o créditos de conservación, los cuales representan mejoras ambientales efectuadas en sus terrenos y pueden ser adquiridos por el promotor de algún proyecto para subsanar los requerimientos de compensación exigidos por la administración».[217]

Antes de entrar en el ámbito de aplicación de la ley, parece útil hacer una primera aclaración terminológica y conceptual,[218] pues, en lo que se denomina evaluación de impacto ambiental, hay que distinguir dos conceptos:

- ✦ El estudio de impacto ambiental[219] (en adelante, EsIA), que es el trabajo técnico que da lugar a la documentación relativa en mayor o menor medida a las especificaciones de contenido de las legislaciones correspondientes y a la valoración de los efectos medioambientales que se prevén en razón del proyecto o acción sometidos a estudio.

- ✦ La declaración de impacto ambiental[220] (en adelante, DIA), que es el dictamen resultante del procedimiento administrativo de evaluación, emitido por el órgano ambiental correspondiente, que concede o no el permiso de realización del proyecto y especifica las condiciones ambientales en las que, en su caso, deberá llevarse a cabo. En ocasiones, la declaración de impacto ambiental puede hacer caso omiso de los resultados del EsIA o recoger muy limitadamente sus recomendaciones.

---

216 Aunque hay menciones a la compensación ambiental en otra normativa (Real Decreto 1302/1986, Ley 42/2007, del Patrimonio Natural y de la Biodiversidad, o la LRM), los bancos de compensación no son integrados formalmente al ordenamiento jurídico español hasta la Ley 21/2013, que les dedica la disposición adicional octava (DA 8).

217 Sobre este instrumento, *vid.* Marín Enríquez, O. E., «Los bancos de conservación en España y su estado actual», *Actualidad Jurídica Ambiental*, núm. 111, 2021, pp. 46-81.

218 Tal y como recomienda Pardo Buendía, *La evaluación del impacto ambiental y social...*, cit., p. 37.

219 El artículo 5.3 c) de la LEA lo define como aquel «documento elaborado por el promotor que acompaña al proyecto e identifica, describe, cuantifica y analiza los posibles efectos significativos sobre el medio ambiente derivados o que puedan derivarse del proyecto, así como la vulnerabilidad del proyecto ante riesgos de accidentes graves o de catástrofes, el riesgo de que se produzcan dichos accidentes graves o catástrofes y el obligatorio análisis de los probables efectos adversos significativos en el medio ambiente en caso de ocurrencia. También analiza las diversas alternativas razonables, técnica y ambientalmente viables, y determina las medidas necesarias para prevenir, corregir y, en su caso, compensar, los efectos adversos sobre el medio ambiente».

220 El artículo 5.3 c) de la LEA lo describe como aquel «informe preceptivo y determinante del órgano ambiental con el que finaliza la evaluación de impacto ambiental ordinaria, que evalúa la integración de los aspectos ambientales en el proyecto y determina las condiciones que deben establecerse para la adecuada protección del medio ambiente y de los recursos naturales durante la ejecución y la explotación y, en su caso, el cese, el desmantelamiento o demolición del proyecto».

Ahora sí, con respecto al ámbito de aplicación de la LEA, señalaremos que la ley somete a evaluación ambiental todo plan, programa o proyecto que pueda tener efectos significativos sobre el medio ambiente, antes de su adopción, aprobación o autorización, o bien, si procede, en el caso de proyectos, antes de la presentación de una declaración responsable o comunicación previa a las que se refiere el artículo 69 de la Ley 39/2015, de 1 de octubre, del Procedimiento Administrativo Común de las Administraciones Públicas, buscando garantizar con ello (de acuerdo con su artículo 1) un elevado nivel de protección ambiental en todo el territorio del Estado, en pro de un desarrollo sostenible. Como pone de manifiesto García Ureta, «a diferencia de lo que ocurría con el Real Decreto Legislativo 1/2008, la obligación de evaluación, impuesta sin equívocos por la normativa europea, deja ahora de ser aplicable sólo a determinados proyectos por su inclusión en un anexo, lo que tiene trascendencia cuando se han fijado criterios o umbrales a partir de los cuales se deban evaluar».[221]

La consecuencia jurídica, expresamente prevista en la LEA en su artículo 9, derivada de la ausencia de sometimiento de un plan, programa o proyecto que pueda tener efectos significativos sobre el medio ambiente al correspondiente procedimiento de evaluación ambiental es la carencia de validez[222] de los actos de adopción, aprobación o autorización de estos o, en su caso, cuando proceda, de la declaración responsable o la comunicación previa relativa a un proyecto, sin perjuicio de las sanciones adicionales que, en su caso, puedan resultar aplicables.

Centrándonos ahora en la regulación de los proyectos sujetos a EIA, la LEA los divide en dos grupos, dependiendo del tipo de EIA a realizar, ya sea ordinaria o simplificada.[223] Pese a que el procedimiento de cada evaluación lo desarrollaremos más tarde, a propósito del estudio de las explotaciones mineras, dejamos ya enunciado que, en el primer grupo, que comprende los trabajos sometidos a EIA ordinaria, se incluirían (art. 7): a) los comprendidos en el anexo I, así como los proyectos que, presentándose fraccionados, alcancen los umbrales del anexo I mediante la acumulación de las magnitudes o dimensiones de cada uno de los proyectos considerados; b) los que deban ser objeto de una evaluación ambiental simplificada cuando así lo decida caso por caso el

---

221 García Ureta, A., «Comentarios sobre la Ley 21/2013, de evaluación ambiental», *Revista de Administración Pública*, núm. 194, 2014, p. 319.

222 Apunta García Ureta, «Comentarios sobre la Ley 21/2013…», *cit.*, p. 319, que la «LEA emplea la locución "carecerán de validez" y no "serán nulas de pleno derecho", que es lo que debería haber indicado adicionalmente, toda vez que la ausencia de evaluación solo puede entenderse como una infracción procedimental esencial».

223 El artículo 8 de la LEA contempla los supuestos excluidos de evaluación ambiental (planes y programas que tengan como único objeto la defensa nacional o la protección civil en casos de emergencia; y los de tipo financiero o presupuestario); y los proyectos que tengan como único objeto la defensa o la respuesta a casos de emergencia civil, autorizados por el órgano sustantivo caso a caso. Además, el Consejo de Ministros o el órgano que determine la legislación de cada comunidad autónoma pueden, en su respectivo ámbito de competencias y a propuesta del órgano sustantivo, en supuestos excepcionales y mediante acuerdo motivado, excluir un proyecto determinado de la EIA cuando su aplicación pueda tener efectos perjudiciales para la finalidad del proyecto o en aquellos proyectos que consistan en obras de reparación o mejora de infraestructuras críticas.

órgano ambiental en el informe de impacto ambiental de acuerdo con los criterios del anexo III; c) cualquier modificación de las características de un proyecto consignado en el anexo I o II cuando dicha modificación cumpla, por sí sola, los umbrales establecidos en el anexo I; y d) los proyectos sujetos a EIA simplificada cuando así lo solicite el promotor.

En el segundo grupo (EIA simplificada) se mencionan: a) los proyectos comprendidos en el anexo II; b) los proyectos no incluidos en el anexo I y II que puedan afectar de forma apreciable, directa o indirectamente, a espacios protegidos Red Natura 2000; c) cualquier modificación de las características de un proyecto del anexo I o II distinta de las modificaciones descritas en el artículo 7.1; c) los proyectos ya autorizados, ejecutados o en proceso de ejecución que puedan tener efectos adversos significativos sobre el medio ambiente cuando supongan:

1.º Un incremento significativo de las emisiones a la atmósfera.

2.º Un incremento significativo de los vertidos a cauces públicos o al litoral.

3.º Un incremento significativo de la generación de residuos.

4.º Un incremento significativo en la utilización de recursos naturales.

5.º Una afectación a espacios protegidos Red Natura 2000.

6.º Una afectación significativa al patrimonio cultural;

d) los proyectos que, presentándose fraccionados, alcancen los umbrales del anexo II mediante la acumulación de las magnitudes o dimensiones de cada uno de los proyectos considerados; y e) los proyectos del anexo I que sirvan exclusiva o principalmente para desarrollar o ensayar nuevos métodos o productos, siempre que la duración del proyecto no sea superior a dos años.

Además de la normativa estatal, a continuación tendremos en cuenta aquella aprobada por las comunidades autónomas que, en el ejercicio de sus competencias en materia ambiental, hayan adoptado normas específicas en materia de EIA, ya que, «dada su capacidad de dictar normas adicionales de protección, pueden haber incluido otros proyectos de actividades mineras en algunos de los supuestos de evaluación de impacto ambiental ordinaria o simplificada o haber introducido alguna peculiaridad procedimental».[224]

3.2.3 Marco legislativo autonómico

En lo concerniente a la legislación autonómica, es preciso poner de manifiesto, como consideración previa, que la LEA tiene carácter de legislación básica bajo el artículo 149.1.23 CE, como señala en su preámbulo al asentar la «competencia exclusiva del Estado en materia de legislación básica sobre protección del medio ambiente, sin

---

224 Casado Casado, «La evaluación de impacto ambiental de los proyectos mineros…», cit., p. 525.

perjuicio de las facultades de las comunidades autónomas de establecer normas adicionales de protección».[225] Por su parte, la disposición final octava determina expresamente los artículos que no tienen carácter básico[226] y que, por tanto, solo se aplican a la Administración General del Estado y a sus organismos públicos, como es el caso, por ejemplo, de los artículos que regulan el procedimiento sancionador o las infraestructuras de titularidad estatal.

No obstante lo anterior, y de acuerdo con la normativa estatal de evaluación de impacto ambiental, las comunidades autónomas ejercen todas aquellas funciones atribuidas al órgano ambiental y al órgano sustantivo[227] en cuanto a la tramitación de los distintos procedimientos cuando se trate de la evaluación ambiental de planes, programas o proyectos que deban ser adoptados, aprobados o autorizados por las comunidades autónomas o que sean objeto de declaración responsable o comunicación previa ante estas (artículo 11.2), por lo que cada legislador autonómico podrá dictar sus oportunas leyes en la materia.

Es relevante aquí completar lo anterior haciendo mención a la disposición adicional undécima de la LEA en su redacción original, que destacaba que las comunidades autónomas que dispusieran de legislación propia en materia de evaluación ambiental deberían adaptarla a lo dispuesto en la citada ley en el plazo de un año desde su entrada en vigor, momento en el que, en cualquier caso, serían aplicables los artículos de la LEA, salvo los no básicos, a todas ellas. No obstante, las comunidades tenían la opción de realizar una remisión en bloque a la referida ley, que resultaría de aplicación

---

225 Cabe destacar algunas sentencias del Tribunal Constitucional en que se pronuncia acerca del reparto competencial legislativo, estatal y autonómico en esta materia: STC 102/1995, de 26 de junio, STC 156/1995, de 26 de octubre; 163/1995, de 8 de noviembre y la STC 69/2013, de 14 de marzo.

226 No tienen carácter básico:
   (a) Los artículos 3.1 párrafo 4; 8.3, 8.4, 11.1; el artículo 18, apartado 4, los dos últimos párrafos; el artículo 19, apartado primero, segundo párrafo, última oración; el artículo 23, párrafo segundo; el artículo 27 apartado 23, última oración; el artículo 28, apartado 4, segundo párrafo, última oración; el artículo 29, apartado 4, los dos últimos párrafos; el artículo 30, apartado 2, primer párrafo, última oración; el artículo 34, apartado 4, párrafo segundo, última oración; el artículo 39 apartado 4, los dos últimos párrafos; el artículo 43, apartado 2 y el apartado 3, última oración; el artículo 44, apartado 5, párrafo segundo, última oración; el artículo 45, apartado 4, los dos últimos párrafos; el artículo 46, apartado 2, segundo párrafo, última oración; el título III, capítulo III; la disposición adicional sexta, párrafo primero; la disposición adicional séptima, los apartados 2 y 3 y la disposición adicional novena.
   (b) Los plazos establecidos en los artículos 12, 17, 18, 19, 24, 25, 26, 27, 28, 29, 30, 31, 32, 33, 34, 35, 36, 37, 38, 39, 40, 41, 42, 43, 44, 45, 46, 47 (dichos artículos son los que regulan cada uno de los procedimientos de evaluación ambiental que contempla la Ley 21/2013) y en la disposición adicional décima.

227 En los procedimientos sometidos a EIA intervienen dos órganos, el ambiental y el sustantivo. La LEA entiende como órgano ambiental «la Administración pública que elabora, en su caso, el documento de alcance, que realiza el análisis técnico de los expedientes de evaluación ambiental y formula las declaraciones ambientales estratégicas, los informes ambientales estratégicos, las declaraciones de impacto ambiental, y los informes de impacto ambiental» (art. 5.1.e); y como órgano sustantivo el «órgano de la Administración pública que ostenta las competencias para adoptar o aprobar un plan o programa, para autorizar un proyecto, o para controlar la actividad de los proyectos sujetos a declaración responsable o comunicación previa, salvo que el proyecto consista en diferentes actuaciones en materias cuya competencia la ostenten distintos órganos de la administración pública estatal, autonómica o local, en cuyo caso, se considerará órgano sustantivo aquel que ostente las competencias sobre la actividad a cuya finalidad se orienta el proyecto, con prioridad sobre los órganos que ostentan competencias sobre actividades instrumentales o complementarias respecto a aquella» (art. 5.1.d).

en su ámbito territorial como legislación básica y supletoria. En la práctica, y a la luz de lo anterior, la mayoría de las comunidades han regulado sobre la materia, ya sea de acuerdo con las competencias de desarrollo legislativo y ejecución, o bien sobre la base de las de gestión en materia de protección del medio ambiente que tienen asignadas, en este último caso, con arreglo a lo dispuesto en el artículo 148.1.9 CE, y dictando normas adicionales de protección.

Los modelos normativos elegidos por las diecisiete comunidades autónomas han sido muy heterogéneos.[228] Algunas han optado por adoptar leyes cuyo objeto específico es regular la evaluación ambiental y aunar en un mismo texto normativo la evaluación ambiental de planes y programas y la EIA de proyectos (como sería el caso de Castilla-La Mancha con la Ley 2/2020, de 7 de febrero, de Evaluación Ambiental en Castilla-La Mancha; el de las Islas Baleares mediante la Ley 12/2016, de 17 de agosto, de evaluación ambiental de las Illes Balears; y el de Madrid a través de la Ley 2/2002, de 19 de junio, de Evaluación Ambiental de la Comunidad de Madrid[229]). Otras, en cambio, han regulado exclusivamente la EAE (Cataluña, con la Ley 6/2009, de 28 de abril, de evaluación ambiental de planes y programas) o la EIA de proyectos (Comunidad Valenciana, a través de la Ley 2/1989, de 3 de marzo, de Impacto Ambiental, desarrollada por el Decreto 162/1990, de 15 de octubre, del Consell de la Generalitat, por el que se aprueba el Reglamento de Impacto Ambiental, modificado a su vez por el Decreto 32/2006, de 10 de marzo, del Consell de la Generalitat). En cualquier caso, la opción mayoritaria ha sido regular la EAE de planes y programas y/o la EIA de proyectos en leyes generales de protección del medio ambiente o de prevención y control ambiental, dentro de las diferentes técnicas de intervención administrativa (Andalucía, con la Ley 7/2007, de 9 de julio, de Gestión Integrada de la Calidad Ambiental;[230] Aragón, con la Ley 11/2014, de 4 de diciembre, de Prevención y Protección Ambiental de Aragón; Cantabria, mediante la Ley 17/2006, de 11 de diciembre, de control ambiental integrado;[231] Castilla y León, con el Decreto Legislativo 1/2015, de 12 de noviembre, por el que se aprueba el texto refundido de la Ley de Prevención Ambiental de Castilla y León; Cataluña, a través de la Ley 20/2009, de 4 de diciembre, de prevención y control ambiental de las actividades; la Comunidad Foral de Navarra, median-

---

228 Clasificación extraída de De La Varga Pastor, A., «Análisis jurídico de la Ley 21/2013, de 9 de diciembre, de evaluación ambiental y de las competencias autonómicas en materia de EIA de proyectos», *Revista d'estudis autonòmics i federals*, núm. 25, 2017, p. 26 y ss.

229 La Ley 4/2014, de 22 de diciembre, de Medidas Fiscales y Administrativas, deroga gran parte de la Ley 2/2002, de 19 de junio, de Evaluación Ambiental de la Comunidad de Madrid, para dar entrada a la aplicación directa de la ley básica estatal hasta que se apruebe una nueva ley autonómica.

230 Modificada por el Decreto-ley 3/2024, de 6 de febrero, por el que se adoptan medidas de simplificación y racionalización administrativa para la mejora de las relaciones de los ciudadanos con la Administración de la Junta de Andalucía y el impulso de la actividad económica en Andalucía, que básicamente, entre otros, crea un nuevo instrumento de prevención y control ambiental, la autorización ambiental unificada simplificada, y elimina el anexo I, referenciándose las actividades sometidas a cada instrumento a la normativa estatal.

231 Modificada por la Ley 3/2023, de 26 de diciembre, de Medidas Fiscales y Administrativas.

te la Ley 17/2020, de 16 de diciembre, reguladora de las Actividades con Incidencia Ambiental; Extremadura, con la Ley 16/2015, de 23 de abril, de protección ambiental de la Comunidad Autónoma de Extremadura; Galicia, a través de la Ley 1/1995, de 2 de enero, de protección ambiental de Galicia; La Rioja, con la Ley 6/2017, de 8 de mayo, de Protección del Medio Ambiente de la Comunidad Autónoma de La Rioja; País Vasco, con la Ley 10/2021, de 9 de diciembre, de Administración Ambiental de Euskadi; y la Región de Murcia, mediante la Ley 4/2009, de 14 de mayo, de protección ambiental integrada); o, incluso, en leyes generales de protección del territorio y de los recursos naturales (Canarias, con la Ley 14/2014, de 26 de diciembre, de Armonización y Simplificación en materia de Protección del Territorio y de los Recursos Naturales). Alguna comunidad autónoma, aunque cuente con ley específica de EIA, también incluye algunas previsiones sobre EIA en su legislación de prevención y calidad ambiental (es el caso de la Comunidad Valenciana, a través de la Ley 6/2014, de 25 de julio, de Prevención, Calidad y Control ambiental de Actividades en la Comunitat Valenciana, modificada por la Ley 10/2015, de 29 de diciembre, de medidas fiscales, de gestión administrativa y financiera, y de organización de la Generalitat). La única comunidad autónoma que no había adoptado regulación sobre EIA de proyectos era Asturias, la comunidad minera por excelencia, que únicamente había incluido alguna previsión conexa en la Ley 5/1991, de 5 de abril, de Protección de los Espacios Naturales,[232] al prever un mecanismo de evaluación específico (la evaluación preliminar de impacto ambiental o EPIA, ya derogado) como instrumento para evitar el efecto acumulado o sinérgico sobre el espacio natural asturiano de actividades no sometidas a evaluación de impacto ambiental, de acuerdo con la legislación básica estatal. Finalmente, ha sido aprobada la Ley del Principado de Asturias 1/2023, de 15 de marzo, de Calidad Ambiental, que ha desarrollado la coordinación de los instrumentos de intervención administrativa ambiental con los de evaluación de proyectos, planes y programas cuando dicha evaluación competa al órgano ambiental autonómico.

Estos sistemas autonómicos se vieron en su momento afectados por la Ley 16/2002, de 1 de julio, de prevención y control integrados de la contaminación, hoy en día derogada y reemplazada por el Real Decreto Legislativo 1/2016, de 16 de diciembre, por el que se aprueba el texto refundido de la Ley de prevención y control integrados de la contaminación, que incorporó al ordenamiento español la Directiva 96/61/CE, de 24 de septiembre de 1996, que regula la llamada autorización ambiental integrada (en adelante, AAI). Por ello, la normativa autonómica ha abordado la integración o coordinación de sus sistemas de prevención con la AAI, operando, asimismo, con la técnica de evaluación de impacto ambiental.[233]

---

232 Modificada por la Ley 3/2012, de 28 de diciembre, y por la Ley 9/2006, de 22 de diciembre.
233 Rosa Moreno, «La evaluación de impacto ambiental…», *cit.*, p. 106.

Centrándonos en Cataluña, merece subrayarse que la actividad minera y extractiva, implantada en gran parte del territorio, ha sido un sector no exento de conflictividad debido a su impacto ambiental.[234] A pesar de que en numerosas ocasiones los procesos de restauración ambiental, tras finalizarse la actividad, han resultado adecuados y la evaluación de impacto ambiental ha conllevado con éxito la aplicación de medidas correctivas, en otros casos no ha sucedido lo mismo, dando lugar a una cierta desconfianza ciudadana con respecto a la función preventiva de los impactos en su entorno.

La competencia sectorial sobre protección del medio ambiente ya se asume en el artículo 144 del Estatuto de Autonomía de Cataluña, al establecer que «corresponde a la Generalitat la competencia compartida en materia de medio ambiente y la competencia para el establecimiento de normas adicionales de protección». Como hemos avanzado, Cataluña cuenta con normativa propia en materia de evaluación ambiental de planes y programas (la Ley 6/2009, de 28 de abril, de evaluación ambiental de planes y programas), pero no en lo concerniente a evaluación de impacto ambiental de proyectos. Por ende, a falta de normativa autonómica, le es de plena aplicación la normativa básica estatal, correspondiente a la Ley 21/2013, de 9 de diciembre, de evaluación ambiental.

Cataluña sí cuenta, en cambio, con un sistema de intervención administrativa de las actividades con incidencia ambiental en el que se toman en consideración las afectaciones sobre el medio ambiente y las personas, encabezado por la Ley 20/2009, de 4 de diciembre, de prevención y control ambiental de las actividades[235] (que deroga la Ley 3/1998, de 27 de febrero, de la intervención integral de la Administración ambiental), la cual, con una voluntad de simplificación administrativa clara, integra la EIA en el procedimiento de otorgamiento de la autorización ambiental. En cuanto a su ámbito de aplicación, el sistema de intervención administrativa y, en su caso, el sistema de evaluación de impacto ambiental establecidos, se aplican a las actividades de titularidad pública y privada emplazadas en Cataluña, relacionadas en sus anexos *numerus clausus*. Así, a diferencia de la Ley 3/1998, la Ley 20/2009 no incorpora una cláusula residual en los anexos que pueda permitir la entrada de otras actividades no expresamente contenidas pero que tengan afectación ambiental.[236]

---

234 Un caso paradigmático es el de vertido de residuos salinos en el depósito salino del Cogulló en Sallent, en la cuenca del río Llobregat, gestionado por la compañía minera Iberpotash, del grupo ICL. El Tribunal Superior de Justicia de Cataluña, en su Sentencia de 15 de octubre de 2013, consideró que el otorgamiento de la autorización ambiental sin la obtención de la declaración de impacto ambiental era contrario a derecho.

235 Modificada en numerosas ocasiones, la más reciente en virtud de la Ley 3/2023, de 16 de marzo, de medidas fiscales, financieras, administrativas y del sector público para el 2023.

236 Casado Casado, L., «Novedades en el régimen de prevención y control de actividades en Cataluña: Retroceso en la protección del Medio ambiente versus promoción de la actividad económica», *Revista Catalana de Dret Ambiental*, núm. 1, 2012, p. 6.

En función de la naturaleza de la actividad y los efectos que se pueden derivar, la propia ley determina a qué régimen de intervención administrativa se encuentra sujeta, de entre los seis que regula el artículo 7:

a) Autorización ambiental de la Generalitat con una declaración de impacto ambiental para aquellas actividades incluidas en los anexos I.1 y I.2, regulada en el artículo 12 y ss.

b) Declaración de impacto ambiental con una autorización sustantiva a la que se someten las actividades incluidas en el anexo I.3,[237] prevista en los artículos 31 y 32.

c) Licencia ambiental para las actividades incluidas en el anexo II. Estas actividades se subdividen en: actividades sometidas a licencia ambiental, con declaración de impacto ambiental; aquellas sujetas a licencia ambiental y a un proceso de decisión previa sobre la necesidad de declaración de impacto ambiental; y actividades sometidas a una licencia ambiental sin necesidad de sometimiento a ningún proceso de evaluación de impacto ambiental (arts. 33-50).

d) Régimen de comunicación para las actividades del anexo III, recogido en los artículos 51 a 53.

e) Régimen de intervención ambiental de actividades temporales, móviles y de investigación establecido en el título V (arts. 54 y 55).

f) Régimen de intervención ambiental en actividades de competencia municipal sectorial (arts. 56 y 57).

A nivel de funciones, podemos añadir que la Ponencia ambiental es el órgano colegiado adscrito al departamento competente en materia de medio ambiente que, con la participación de todos los sectores ambientales y, en su caso, de los departamentos que se requiera de acuerdo con la actividad sectorial de que se trate, formula la correspondiente DIA, la decisión previa sobre el sometimiento a una evaluación de impacto ambiental, y garantiza el carácter integrado de la autorización ambiental.

En lo que aquí nos interesa, en relación con las actividades extractivas, estas pueden verse sometidas a distintos regímenes, según veremos. En primer lugar, y con carácter general, las actividades mineras aparecen recogidas con carácter expreso en el artículo 32.2 de la Ley 20/2009, para las cuales se prevé que deban someterse a declaración de impacto ambiental y que presenten un estudio de impacto ambiental con el contenido establecido en su artículo 18.1.[238] A efectos de la DIA de las actividades

---

237 Actividades sometidas al régimen de declaración de impacto ambiental con una autorización sustantiva.

238 Debe incluir, como mínimo, una descripción general del proyecto y exigencias previsibles en el tiempo en relación con la utilización del suelo y demás recursos naturales; alternativas y justificación de la opción adoptada; evaluación de los efectos previsibles sobre el entorno, teniendo en cuenta los transfronterizos; medidas para reducir, eli-

extractivas, se deberá tener en cuenta, adicionalmente, el programa de restauración presentado de acuerdo con la legislación aplicable y el informe que sobre este haya emitido el órgano del departamento competente en materia de medio ambiente.[239] Sin embargo, el anexo II somete la extracción de sal marina (2.3), así como otras actividades como el almacenaje o manipulación de minerales, combustibles sólidos y otros materiales pulverulentos (12.12), al régimen de licencia ambiental, por lo que estos supuestos residuales quedarían exentos de DIA.

3.3 Proyectos mineros sujetos a EIA

A fin de presentar un panorama completo de los distintos tipos de evaluación de impacto ambiental (ordinaria y simplificada) aplicables al sector minero, deben identificarse previamente los elementos que sirven como criterios para la determinación del régimen legal aplicable y que comportan la exigencia de un instrumento u otro para cada actividad minera. Dichas directrices se contemplan en el anexo III de la Directiva 2011/92/UE del Parlamento Europeo y del Consejo, de 13 de diciembre de 2011, que regula los criterios a aplicar en el establecimiento de umbrales por parte de los Estados miembros para la determinación del régimen de evaluación ambiental aplicable a los distintos tipos de proyectos. En concreto, estas pautas se refieren a las características y ubicación de los proyectos mineros y, en particular, a la sensibilidad medioambiental de las áreas geográficas que puedan verse afectadas y a las características de los potenciales impactos (área geográfica y tamaño de la población afectada, carácter transfronterizo; magnitud y complejidad, probabilidad, duración, frecuencia y reversibilidad del impacto). Dentro de las particularidades de los proyectos, se debe prestar especial atención, además de al tamaño de estos, a la acumulación con otros proyectos, a la utilización de recursos naturales, a la generación de residuos y a las emisiones y al riesgo de accidentes, entre otras, considerando en particular las sustancias y las tecnologías utilizadas.[240]

---

minar o compensar dichos efectos; programa de vigilancia ambiental; estudio de impacto acústico; características de la iluminación exterior; resumen del estudio y conclusiones.

239 Incide CASADO CASADO, «La evaluación de impacto ambiental de los proyectos mineros…», *cit.*, p. 534, en que «la opción catalana es que el plan de restauración forme parte de los documentos de evaluación de impacto ambiental y se tome en consideración por el órgano ambiental».

240 Así lo ha entendido el TJUE en la Sentencia C-575/21, de 25 de mayo de 2023, al establecer que no puede supeditarse la realización de una evaluación ambiental de un proyecto únicamente a la superación de determinados umbrales de superficie ocupada, sino que, en los supuestos en que el Estado miembro decida establecer unos umbrales para determinar cuándo es necesaria la evaluación ambiental, estos deben tener en cuenta los criterios pertinentes de selección establecidos en el anexo III de la Directiva 2011/92/UE. Señala el TJUE que «entre estos últimos criterios, dicho anexo incluye, en primer lugar, las características de los proyectos, que deben considerarse, en particular, teniendo en cuenta las dimensiones del proyecto y la acumulación de este con otros proyectos existentes o aprobados; en segundo lugar, la ubicación de los proyectos, de modo que se tenga en cuenta el carácter sensible medioambientalmente de las áreas geográficas que puedan verse afectadas por estos, teniendo en cuenta, en particular, el uso presente y aprobado de la tierra y la capacidad de absorción del medio natural, con especial atención, entre otras, a las áreas de gran densidad demográfica, así como a los paisajes y lugares con

Como ya hemos venido señalando a lo largo del capítulo, dicha Directiva fue incorporada a nuestro ordenamiento jurídico a través de la LEA y, recientemente, del Real Decreto 445/2023,[241] de 13 de junio, que ha venido a modificar los anexos I, II y III de la LEA a fin de garantizar una adecuada transposición a nuestro ordenamiento jurídico de la Directiva, así como una mayor coherencia y actualización de sus contenidos, de acuerdo con la experiencia adquirida durante los años de vigencia de la ley. Una de las principales novedades es la inclusión de un nuevo apartado en el anexo III, que consagra unos criterios generales para la aplicación de la EIA simplificada a determinados proyectos que, aun estando por debajo de los umbrales regulados en el anexo II, están situados en zonas de especial sensibilidad ambiental o afectan de manera especial al medio hídrico.[242] Tal como se menciona en el preámbulo del Real Decreto 445/2023, la inclusión de estos nuevos criterios permite realizar un análisis solvente para que cualquier proyecto minero con potenciales impactos significativos típicos sea sometido a un procedimiento de EIA, al menos simplificado. Como resultado de lo anterior, se amplía el número de categorías de proyectos incluidos en los anexos de la LEA, la gran mayoría sin ningún tipo de umbral, por lo que se incrementa, sin duda, el nivel de protección ambiental y la promoción de un desarrollo sostenible.

Con arreglo a los preceptos que hemos ido examinando en el apartado anterior y al contenido de los distintos anexos, podemos afirmar que se sujetan a EIA ordinaria las actividades extractivas incluidas en el anexo I, grupo 2 («Industria extractiva»),[243]

---

significación histórica, cultural y/o arqueológica, y, en tercer lugar, las características del impacto potencial de los proyectos, en particular en relación con la zona geográfica y tamaño de la población que pueda verse afectada por ellos y con el efecto acumulado de estos últimos con otros proyectos existentes o aprobados» (FJ 41).

241 Cabe destacar que el Real Decreto se aplicará a todas las nuevas instalaciones o modificaciones de estas que se incluyan dentro de los anexos I y II de la Ley 21/2013.

242 Podemos resumirlos, básicamente en: (i) proyectos en espacios protegidos Red Natura 2000, en espacios naturales protegidos, en humedales de importancia internacional (Ramsar), en sitios naturales de la Lista del Patrimonio Mundial, en áreas o zonas protegidas de los convenios para la protección del medio ambiente marino del Atlántico del nordeste (OSPAR) o para la protección del medio marino y de la región costera del Mediterráneo (ZEPIM) y en zonas núcleo o tampón de reservas de la biosfera de la UNESCO; (ii) proyectos solapados con elementos de infraestructura verde formalmente declarados por su papel como corredores o conectores ecológicos, áreas críticas de los planes de recuperación o conservación de especies amenazadas u otras áreas importantes para la conservación de especies en régimen de protección especial, hábitats de interés comunitario, que presenten un estado de conservación desfavorable en la unidad biogeográfica, o áreas declaradas por las autoridades competentes para la protección de especies objeto de pesca o marisqueo, excepto aquellos proyectos respecto de los que el órgano competente para la gestión del espacio informe que no son susceptibles de causar efectos adversos; (iii) proyectos que, en fase de explotación, tomen agua a partir de masas de agua superficial, de masas de agua subterránea tal como se detalla en la norma, y de zonas protegidas por la Directiva en el ámbito de la política de aguas; (iv) proyectos que, en fase de explotación, viertan agua y puedan causar contaminación difusa o puntual, incluyendo retornos, sobre masas de agua superficial que no alcanzan el buen estado/potencial ecológico o químico, masas de agua subterránea con mal estado químico y zonas protegidas según la norma.

243 Según la enumeración de este, estarían sometidas: a) las explotaciones y frentes de una misma autorización o concesión a cielo abierto de yacimientos minerales y demás recursos geológicos de las secciones A, B, C y D cuyo aprovechamiento está regulado por la Ley de Minas y normativa complementaria, cuando se dé alguna de las circunstancias siguientes:

1. Explotaciones en las que la superficie de terreno afectado supere las 25 ha.
2. Explotaciones que tengan un movimiento total de tierras superior a 200.000 metros cúbicos anuales.

para los que se seguirá el procedimiento regulado en los artículos 33 a 44, mientras que los proyectos ubicados en el anexo II, grupo 3 («Perforaciones, dragados y otras instalaciones mineras e industriales»),[244] quedarán sometidos a la EIA simplificada, recogida en los artículos 45 a 48 de la LEA.

3. Explotaciones que se realicen por debajo del nivel freático, tomando como nivel de referencia el más elevado entre las oscilaciones anuales, o que pueden suponer una disminución de la recarga de acuíferos superficiales o profundos.

4. Explotaciones de depósitos ligados a la dinámica actual: fluvial, fluvio-glacial, litoral o eólica. Aquellos otros depósitos y turberas que por su contenido en flora fósil puedan tener interés científico para la reconstrucción palinológica y paleoclimática. Extracción de turba, cuando la superficie del terreno de extracción supere las 150 ha.

5. Explotaciones visibles desde autopistas, autovías, carreteras nacionales y comarcales, espacios naturales protegidos, núcleos urbanos superiores a 1.000 habitantes o situadas a distancias inferiores a 2 km de tales núcleos.

6. Explotaciones de sustancias que puedan sufrir alteraciones por oxidación, hidratación, etc., y que induzcan, en límites superiores a los incluidos en las legislaciones vigentes, a acidez, toxicidad u otros parámetros en concentraciones tales que supongan riesgo para la salud humana o el medio ambiente, como las menas con sulfuros, explotaciones de combustibles sólidos, explotaciones que requieran tratamiento por lixiviación *in situ* y minerales radiactivos.

7. Extracciones que, aun no cumpliendo ninguna de las condiciones anteriores, se sitúen a menos de 5 km de los límites del área que se prevea afectar por el laboreo y las instalaciones anexas de cualquier explotación o concesión minera a cielo abierto existente.

Por otra parte, en su letra b) se encuentran recogidos los proyectos de minería subterránea en las explotaciones en las que se dé alguna de las circunstancias siguientes: que su paragénesis pueda, por oxidación, hidratación o disolución, producir aguas ácidas o alcalinas que den lugar a cambios en el pH o liberen iones metálicos o no metálicos que supongan una alteración del medio natural; que exploten minerales radiactivos; aquellas cuyo minado se encuentren a menos de 1 km (medido en plano) de distancia de núcleos urbanos, que puedan inducir riesgos por subsidencia; o aquellas que se realicen por debajo del nivel freático, tomando como nivel de referencia el más elevado entre las oscilaciones anuales, o que pueden suponer una disminución de la recarga de acuíferos superficiales o profundos; aquellas que se desarrollen a una distancia inferior a 500 metros de cursos fluviales continuos o aquellas que puedan afectar a las zonas protegidas designadas de acuerdo con el anexo IV de la Directiva 2000/60/CE del Parlamento Europeo y del Consejo, de 23 de octubre de 2020, por la que se establece el marco comunitario de actuación en el ámbito de la política de aguas.

En su letra c) se encuentra la extracción o almacenamiento subterráneo de petróleo y gas natural con fines comerciales cuando la cantidad de producción sea superior a 500 toneladas por día en el caso del petróleo y de 500.000 metros cúbicos por día en el caso del gas o bien se realicen en medio marino.

Por último, en su letra d) ubicamos los proyectos consistentes en la realización de perforaciones para la exploración, investigación o explotación de hidrocarburos, almacenamiento de CO_2, almacenamiento de gas y geotermia de media y alta entalpía, que requieran la utilización de técnicas de fracturación hidráulica. En todos los apartados se incluyen las instalaciones y estructuras necesarias para la extracción, tratamiento, almacenamiento, aprovechamiento y transporte del mineral, así como para la gestión de residuos mineros y restauración del espacio afectado por la actividad minera. Sin embargo, la LEA excluye de EIA «las perforaciones de sondeos de investigación que tengan por objeto la toma de testigo previo a proyectos de perforación que requieran la utilización de técnicas de fracturación hidráulica».

244 Se contemplan: a) las perforaciones profundas, con excepción de las perforaciones para investigar la estabilidad o la estratigrafía de los suelos y subsuelo, en particular:

1.º Perforaciones geotérmicas excepto las de muy baja entalpía cuando no afecten a masas de agua.

2.º Perforaciones para el almacenamiento de residuos radiactivos.

3.º Perforaciones para el abastecimiento de aguas.

4.º Perforaciones petrolíferas o gasísticas de exploración o investigación.

Asimismo, b) instalaciones en el exterior y en el interior para la gasificación del carbón y pizarras bituminosas no incluidas en el anexo I; c) exploración mediante sísmica marina excepto proyectos de investigación con fines científicos; d) extracción de materiales mediante dragados en dominio público marítimo-terrestre, incluyendo el dominio público portuario, quedando excluidos los dragados cuyo objeto sea mantener las condiciones hidrodinámicas o de navegabilidad y que a su vez estén sujetos a informe de compatibilidad con la estrategia marina conforme al Real

Por otra parte, la LEA también recoge, para aquellas actividades extractivas que puedan dañar espacios integrados en la Red Natura 2000, la exigencia de una adecuada[245] evaluación de los efectos en la conservación del espacio afectado con carácter previo a la aprobación del proyecto, tal y como exige el artículo 6.3 de la Directiva 92/43/CEE del Consejo, de 21 de mayo de 1992, relativa a la conservación de los hábitats naturales y de la fauna y flora silvestres, o, en España, el artículo 46.4 de la Ley 42/2007, de 13 de diciembre, del Patrimonio Natural y de la Biodiversidad. De esta forma, la LEA integra esta evaluación ambiental de los proyectos mineros que puedan perjudicar espacios de la Red Natura 2000 dentro de los procedimientos de evaluación ambiental que regula con carácter general y que, concretamente, contempla en su anexo I, grupo 9 («Otros proyectos»), 17.[246] Estas previsiones tienen carácter de legislación básica de protección del medio ambiente, por lo que la exigencia de EIA para los mencionados proyectos se extiende a todo el territorio nacional.[247]

De forma muy sucinta y aunque la técnica de fracturación o *fracking* no se encuentre en el ámbito de aplicación de la normativa minera sino en el sector de los hidrocarburos, resulta de obligada mención, al ser parte de la industria extractiva, que la LEA introdujo, de forma novedosa, el control ambiental obligatorio a través de la evaluación ambiental para «la realización de perforaciones para la exploración, investigación o explotación de hidrocarburos, almacenamiento de dióxido de carbono, almacenamiento de gas y geotermia de media y alta entalpía, que requieran la utiliza-

---

Decreto 79/2019, de 22 de febrero, por el que se regula el informe de compatibilidad y se establecen los criterios de compatibilidad con las estrategias marinas; así como aquellos dragados de mantenimiento o primer establecimiento que se ejecuten dentro de las zonas de aguas de los puertos y que, no incurriendo en ninguno de los supuestos del artículo 7.2 c) de esta ley, dadas sus características y de las masas de agua donde se desarrollan, no puedan provocar el deterioro del estado potencial ecológico de las mismas; e) instalaciones para la captura de flujos de CO_2 con fines de almacenamiento geológico de conformidad con la Ley 40/2010, de 29 de diciembre, de almacenamiento geológico de dióxido de carbono, procedente de instalaciones no incluidas en el anexo I; f) explotaciones a cielo abierto de yacimientos minerales y demás recursos geológicos de las secciones A, B, C y D reguladas por la Ley de Minas. Se incluyen las instalaciones necesarias para la extracción, tratamiento, almacenamiento, aprovechamiento y transporte del mineral, así como para la gestión de residuos mineros y restauración del espacio afectado por la actividad minera (proyectos no incluidos en el anexo I); g) instalaciones industriales en el exterior para la extracción de carbón, petróleo, gas natural, minerales y pizarras bituminosas (proyectos no incluidos en el anexo I); h) explotaciones subterráneas de yacimientos minerales y demás recursos geológicos de las secciones A, B, C y D reguladas por la Ley de Minas. Se incluyen las superficies, estructuras e instalaciones necesarias para la extracción, tratamiento, almacenamiento, aprovechamiento y transporte del mineral, así como para la gestión de residuos mineros y restauración del espacio afectado por la actividad minera (proyectos no incluidos en el anexo I); e i) proyectos de investigación minera cuando incluyan alguno de los siguientes trabajos: apertura de un frente piloto, la constitución de una instalación de residuos mineros o la ejecución de galerías de investigación minera.

245 En la Sentencia de 24 de mayo de 2011, el Tribunal Supremo matiza la evaluación «adecuada» que exige la LEA e indica que lo es exclusivamente a los efectos de neutralizar los efectos nocivos sobre un espacio de la Red Natura 2000 próximo al proyecto (FJ 5).

246 Estas son las explotaciones y frentes de una misma autorización o concesión a cielo abierto de yacimientos minerales y demás recursos geológicos de las secciones A, B, C y D cuyo aprovechamiento está regulado por la Ley de Minas y normativa complementaria.

247 CASADO CASADO, «La evaluación de impacto ambiental de los proyectos mineros...», *cit.*, pp. 524-525.

ción de técnicas de fracturación hidráulica». No estarían sujetas al procedimiento de evaluación de impacto ambiental, en cambio, las perforaciones de sondeos de investigación que tuvieran por objeto la toma de testigos previa a proyectos de perforación que requirieran la utilización de aquellas técnicas (anexo I, grupo 2 d). Conforme a las previsiones de la LEA, cabría la posibilidad de que el proyecto no fuera autorizado o no acabara resultando viable por razones ambientales.[248]

3.4 Aspectos fundamentales del procedimiento de EIA

Para situarnos, recordemos que la LEA uniformiza los procedimientos de evaluación de planes, programas y proyectos y los divide, a su vez, en dos, EIA ordinaria y simplificada. Centrándonos en lo que aquí nos interesa, los proyectos mineros y su correspondiente EIA, hay que resaltar que la distinción entre un procedimiento ordinario y uno simplificado no solo tiene que ver con el tipo de actividad sujeta a cada uno, sino con su contenido y los trámites que deben llevarse a cabo, más o menos exhaustivos y elaborados, el tiempo que dura cada una de las fases y la complejidad de los informes que se evalúan en cada una de las evaluaciones.

3.4.1 EIA ordinaria

Empezaremos analizando el procedimiento de EIA ordinaria, regulado en los artículos 33 a 44 de la LEA.

Tal y como nos recuerda la Directiva 2011/92/UE en su preámbulo, «la autorización de los proyectos públicos y privados que puedan tener repercusiones considerables sobre el medio ambiente solo debe concederse después de una evaluación de los efectos importantes que dichos proyectos puedan tener sobre el medio ambiente. Esta evaluación debe efectuarse tomando como base la información apropiada proporcionada por el promotor y, eventualmente, completada por las autoridades y por el público al que pueda interesar el proyecto». Por lo tanto, el procedimiento administrativo correcto será aquel que garantice estos extremos con la mayor eficacia y brevedad posibles.

Previamente a la descripción de las fases procedimentales, conviene aclarar lo que se entiende por órgano ambiental competente y por órgano con competencia sustantiva, por cuanto ambos órganos intervienen en el procedimiento de EIA. De manera simple,[249] puede afirmarse que se entiende por órgano con competencia sustantiva aquel que tiene atribuida la función de autorizar o aprobar la actividad o el proyecto

---

248 Cubero Marcos, J. I., «La obtención de gas esquisto mediante fracturación hidráulica (*fracking*): un análisis coste-beneficio para un tratamiento regulatorio adecuado», *Revista Aragonesa de Administración Pública*, 2012, p. 183.

249 Definición proporcionada por Rosa Moreno, «La evaluación de impacto ambiental…», *cit.*, p. 115.

de que se trate, mientras que el órgano ambiental competente es aquel que ejerce estas funciones en la Administración pública donde resida la competencia para la autorización del proyecto.

En la fase de actuaciones previas, el promotor de un proyecto podrá comunicar el proyecto al órgano ambiental, acompañando la documentación junto con el contenido mínimo que regula la ley, que acredite las características más significativas de este,[250] y solicitar a dicho órgano (que deberá manifestarse en el plazo máximo de dos meses desde la recepción de la solicitud) su opinión en cuanto al alcance específico del estudio de impacto. El órgano ambiental competente, después de recibida la referida documentación, deberá abrir un periodo de consultas a las personas, administraciones e instituciones que puedan verse afectadas por la realización de la actividad sujeta a evaluación o con competencias o cualificación técnica en la materia de que se trate. Recibidas las contestaciones de las consultas realizadas, el órgano ambiental competente remitirá al promotor un dictamen previo, en el que figurarán los aspectos e indicaciones que se estimen beneficiosos para una mayor protección del medio, junto con las contestaciones recibidas a las consultas realizadas. La razón de ser de este paso previo es ayudar al promotor en el buen desarrollo del estudio de impacto ambiental, que representa una pieza documental clave del expediente para la motivación de la decisión del órgano competente sobre la autorización del proyecto. La responsabilidad de la realización de este estudio se atribuye al titular del proyecto o promotor, quien suele contratar a un equipo de especialistas para que lo elaboren. Así, tras la evacuación, en su caso, de las actuaciones previas, se daría inicio a la EIA ordinaria con la recepción por parte del órgano ambiental del mencionado estudio, que debería recoger el contenido del artículo 35 y anexo VI de la ley, y que resumiremos aquí: a) un estudio descriptivo que incluya información sobre su ubicación, diseño, dimensiones y otras características pertinentes del proyecto (vertidos, residuos…); b) un estudio comparativo de las diversas alternativas planteadas, incluida la alternativa cero o de no realización del proyecto; c) estudio analítico de identificación y valoración de los posibles impactos tanto cualitativos como cuantitativos sobre el medio ambiente. Se incluirá un apartado específico para la evaluación de las repercusiones del proyecto sobre espacios Red Natura 2000; d) estudio sobre los efectos ambientales en caso de accidentes graves o de catástrofes; e) propuestas de medidas protectoras y correctoras; f) programa de vigilancia ambiental; y g) documento de síntesis no técnico del estudio de impacto ambiental y conclusiones redactadas en lenguaje asequible. Si el órgano

---

250 La solicitud de determinación del alcance del estudio de impacto ambiental debe ir acompañada del documento inicial del proyecto, que contendrá, como mínimo, la siguiente información: a) la definición y las características específicas del proyecto, incluida su ubicación, viabilidad técnica y su probable impacto sobre el medio ambiente, así como un análisis preliminar de los efectos previsibles sobre los factores ambientales derivados de la vulnerabilidad del proyecto ante riesgos de accidentes graves o de catástrofes; b) las principales alternativas que se consideran y un análisis de los potenciales impactos de cada una de ellas; y c) un diagnóstico territorial y del medio ambiente afectado por el proyecto (art. 34.2. LEA).

ambiental ha elaborado un documento de alcance, el promotor deberá haber ajustado el EsIA a este.

De acuerdo con Rosa Moreno, «todas estas partes que han sido expuestas constituyen, de acuerdo con la Directiva EIA y la normativa básica, un mínimo obligatorio del contenido del estudio, y la ausencia de alguna de ellas implicaría, *ipso iure*, un vicio invalidante del mismo». [251]

Tras la presentación del estudio, el órgano sustantivo lo someterá a información pública y consulta a las administraciones afectadas y a las personas interesadas por un plazo no inferior a 30 días hábiles, previo anuncio en el boletín correspondiente y en la sede electrónica del órgano sustantivo (art. 36). En paralelo, el órgano sustantivo deberá solicitar, por su parte, con carácter preceptivo los informes recogidos en el artículo 37.2 de la ley. A continuación, en el plazo máximo de 30 días hábiles desde la finalización de los trámites de consultas e información pública, estos serán remitidos desde el órgano sustantivo al promotor para que elabore la nueva versión del proyecto y el estudio de impacto ambiental. Tras esto, el promotor presentará ante el órgano sustantivo la solicitud de evaluación junto con el documento técnico del proyecto, el estudio de impacto ambiental y las alegaciones e informes. Dicha documentación se remitirá al órgano ambiental competente. Una vez recibido el expediente y finalizado el análisis técnico, el órgano ambiental formulará la declaración de impacto, que determinará, a los solos efectos ambientales, la conveniencia o no de realizar el proyecto, y, en caso afirmativo, fijará las condiciones en que debe realizarse y las medidas correctoras que deben aplicarse, así como el programa de seguimiento a realizar. La DIA incluirá, al menos, el siguiente contenido: a) la identificación del promotor del proyecto y del órgano sustantivo, y la descripción del proyecto; b) el resumen del resultado del trámite de información pública y de las consultas a las administraciones públicas afectadas y a las personas interesadas; c) el resumen del análisis técnico realizado por el órgano ambiental; d) medidas preventivas y compensatorias; e) en su caso, la conclusión de la evaluación de las repercusiones sobre la Red Natura 2000; f) el programa de vigilancia ambiental; g) si procede, la creación de una comisión de seguimiento; h) en caso de operaciones periódicas, la motivación de la decisión y el plazo, que no podrá ser superior a cuatro años; e i) conclusiones acerca de proyectos que vayan a causar a largo plazo una modificación hidromorfológica en una masa de agua superficial o una alteración del nivel en una masa de agua subterránea. En caso afirmativo, la declaración incluirá, además, una relación de todas las medidas factibles para paliar los efectos adversos del proyecto sobre el estado o potencial de las masas de agua afectadas y una referencia a la conformidad de la unidad competente en planificación hidrológica del organismo de cuenca con la evaluación practicada y las medidas mitigadoras señaladas.

251 Rosa Moreno, «La evaluación de impacto ambiental...», *cit.*, p. 113.

Con la DIA[252] culmina el procedimiento de evaluación ambiental ordinaria y habrá de notificarse a los interesados y publicarse en el correspondiente boletín oficial. No será objeto de recurso, sin perjuicio de los que, en su caso, procedan en vía administrativa y judicial frente al acto por el que se autoriza el proyecto (art. 41). La DIA es considerada como un trámite esencial del cual no se puede prescindir y cuya ausencia da lugar a la nulidad del procedimiento, siendo calificado por el artículo 41.2 de la LEA como preceptivo y determinante, con las consecuencias que ello conlleva.[253] El informe de impacto ambiental perderá su vigencia y cesará en la producción de los efectos que le son propios si, una vez publicado en el *Boletín Oficial del Estado* o diario oficial correspondiente, no se hubiera comenzado la ejecución del proyecto o actividad en el plazo máximo de cuatro años desde su publicación.

3.4.2 EIA simplificada

Por lo que respecta al procedimiento de evaluación ambiental simplificada, contemplado en los artículos 45 a 48 de la LEA, este se iniciará con la presentación, por parte del promotor ante el órgano sustantivo, de una solicitud de inicio de la EIA simplificada, junto con la documentación exigida por la legislación sectorial, acompañada del documento ambiental con el siguiente contenido: a) la motivación; b) la definición, características y ubicación del proyecto; c) un estudio comparativo de las diversas alternativas planteadas, incluida la alternativa cero o de no realización del proyecto; d) una descripción de los aspectos medioambientales que puedan verse afectados de manera significativa por el proyecto; e) una descripción y evaluación de los posibles efectos significativos en el medio ambiente que sean consecuencia de las emisiones y los desechos previstos y la generación de residuos, o del uso de los recursos naturales, en particular el suelo, la tierra, el agua y la biodiversidad. Cuando el proyecto pueda afectar directa o indirectamente a los espacios Red Natura 2000, se incluirá un apartado específico para la evaluación de sus repercusiones, así como también cuando el proyecto pueda causar a largo plazo una modificación hidromorfológica en una masa de agua superficial o una alteración del nivel en una masa de agua subterránea que puedan impedir que alcance el buen estado o potencial, o que puedan suponer un deterioro de su estado o potencial; f) estudio sobre los efectos ambientales en caso de accidentes graves o de catástrofes; g) propuestas de medidas protectoras y correctoras; y h) la forma de realizar el seguimiento que garantice el cumplimiento de las indicaciones y medidas protectoras y correctoras contenidas en el documento ambiental (art. 45.1).

---

252 Según el parecer de Rosa Moreno, «La evaluación de impacto ambiental…», *cit.*, p. 117, «se trata del ejercicio de la potestad de evaluación, de una autorización previa e instrumental del procedimiento de autorización o aprobación, de naturaleza discrecional y, por tanto, ha de ser debidamente motivada».
253 De La Varga Pastor, «Análisis jurídico de la Ley 21/2013…», *cit.*, p. 24.

El órgano sustantivo comprobará que estén todos los documentos que componen la solicitud de inicio y que la documentación esté acorde con los requisitos que la legislación sectorial exige, y remitirá la solicitud de inicio y los documentos que la deben acompañar al órgano ambiental. Este tendrá 20 días para resolver su inadmisión, bien porque sea ambientalmente inviable o bien porque el documento no presente una calidad suficiente, justificando las razones por las que se aprecia, y frente a esta podrán interponerse los recursos legalmente procedentes en vía administrativa y judicial. En caso contrario, el órgano ambiental someterá el documento ambiental del proyecto a consulta de las administraciones públicas afectadas y a las personas interesadas, y estas tendrán un plazo de 20 días para manifestarse. Por último, el órgano ambiental formulará el informe de impacto ambiental en el plazo de 3 meses a contar desde la recepción de la solicitud de inicio. Este será un informe preceptivo y determinante mediante el cual dispondrá si el proyecto debe someterse a EIA ordinaria por tener efectos significativos en el medio ambiente, o, en el caso contrario, se dará por finalizado el procedimiento de evaluación de impacto ambiental simplificada. En ambos supuestos, se publicará el informe en el boletín correspondiente. El informe de impacto ambiental no será objeto de recurso alguno, sin perjuicio de los que, en su caso, procedan en vía administrativa o judicial frente al acto, en su caso, de autorización del proyecto.

3.5 La evaluación de las repercusiones de los proyectos de actividades mineras en los espacios de la red europea Natura 2000

Como ya avanzamos, además de las previsiones específicas sobre el régimen singular aplicable a los espacios de la Red Natura 2000, tanto en la EIA ordinaria como en la simplificada, la legislación de patrimonio natural y de la biodiversidad impone limitaciones y restricciones adicionales a aquellos proyectos extractivos que puedan tener incidencia en determinados espacios de interés ambiental, como los que configuran la Red Natura 2000, creada por la Directiva 92/43/CEE del Consejo,[254] de 21 de mayo de 1992, relativa a la conservación de los hábitats naturales y de la fauna y flores silvestres (en adelante, Directiva Hábitats), y la Directiva 2009/147/CE del Parlamento Europeo y del Consejo, de 30 de noviembre de 2009, relativa a la conservación de aves silvestres (en adelante, Directiva Aves). Esencialmente, la Red Natura 2000 es una red ecológica de la Unión Europea integrada por zonas especiales de conservación que al-

254 Según López Pérez, F., «Ejecución de planes y proyectos en red Natura 2000. El artículo 6 de la Directiva de Hábitats y las medidas compensatorias», *Revista Aragonesa de Administración Pública*, 2022, p. 86, «si bien la Red Natura 2000 es un instrumento creado por la UE y circunscrito a ella, se enmarca dentro de un movimiento internacional nacido en la preocupación por la conservación de la biodiversidad y sobre los efectos que su pérdida conlleva, coincidiendo en el tiempo con el Convenio sobre la Diversidad Biológica (CDB) que tiene sus orígenes en la Conferencia sobre medio ambiente y desarrollo celebrada en Río de Janeiro en 1992».

bergan los tipos de hábitats naturales que figuran en el anexo I y de hábitats de especies animales y vegetales que figuran en el anexo II de la Directiva Hábitats, englobados ambos tipos de espacios bajo la denominación de zonas especiales de conservación (en adelante, ZEC), así como por las zonas de especial protección para las aves[255] (denominadas ZEPA), que tratan de preservar las especies y los diferentes hábitats de su área de distribución natural. En el caso concreto de España, hay que mencionar que es el Estado miembro que mayor superficie total aporta a la red, el primero en superficie terrestre y el segundo en superficie marina por detrás de Francia y tras la salida del Reino Unido de la Unión Europea. En total, 1.468 LIC/ZEC y 658 ZEPA, lo que supone un 27,3 % del territorio español.[256]

Teniendo en cuenta que dichas directivas establecen objetivos que todos los países de la UE deben cumplir, para su transposición al derecho interno español, fue aprobada la Ley 42/2007, de 13 de diciembre, del Patrimonio Natural y de la Biodiversidad (en adelante, LPNB), modificada por la Ley 33/2015, de 21 de septiembre, de carácter básico, en la que se define, en su artículo 44, lo que se entiende por una zona de especial protección para las aves. La LPNB, como apunta su preámbulo, tiene por objeto establecer el régimen jurídico básico de la conservación, uso sostenible, mejora y restauración del patrimonio natural y de la biodiversidad española y tiene carácter de legislación básica, casi en su totalidad, a tenor de lo dispuesto en su disposición final segunda. En otras palabras, la ley estatal es de obligado cumplimiento en todo el territorio español, pudiendo las comunidades autónomas regular la Red Natura 2000 en su legislación autonómica dotándose de una normativa más exigente para su conservación que la establecida en la LPNB.

Adicionalmente a la LPNB y a la normativa autonómica correspondiente, cabe indicar que, por añadidura, otras normas sectoriales han entrado a regular cuestiones con incidencia en la Red Natura 2000, como la Ley 41/2010, de 29 de diciembre, de protección del medio marino, que crea y ajusta la Red de Áreas Marinas Protegidas de España; o el Real Decreto Legislativo 7/2015, de 30 de octubre, por el que se aprueba el texto refundido de la Ley de Suelo y Rehabilitación Urbana, que determina en su artículo 13.3 que «sólo podrá alterarse la delimitación de los espacios incluidos en la Red Natura, excluyendo terrenos de la misma, cuando así lo justifiquen los cambios provocados en ellos por su evolución natural, científicamente demostrada». Asimismo, se pueden hallar referencias a la Red Natura 2000 en la Ley 26/2007, de 23 de octubre, de Responsabilidad Medioambiental, o en la Ley 43/2003, de 21 de noviembre, de Montes. Mención aparte merece la LEA, que establece las bases y los principios del procedimiento de evaluación ambiental de los planes, programas y proyectos que

---

255 Se incorporaron los espacios designados en virtud de la antigua Directiva 79/409/CEE del Consejo, de 2 de abril de 1979, relativa a la conservación de las aves silvestres.

256 EUROPARC-España, *Anuario 2020 del estado de las áreas protegidas en España*, Fundación Interuniversitaria Fernando González Bernáldez para los Espacios Naturales, Madrid, 2019, p. 34.

puedan tener efectos significativos sobre el medio ambiente. Esta norma, de capital importancia en la aplicación del artículo 6 de la Directiva Hábitats, contiene continuas alusiones a los espacios incluidos en la Red Natura 2000, especialmente tras la publicación del Real Decreto 445/2023,[257] e introduce determinadas especificidades a la evaluación de planes y proyectos que pretendan implantarse en ellos.

Volviendo a las obligaciones concretas que adquieren los Estados con respecto a los espacios que integran la Red Natura 2000, estas se encuentran recogidas en el artículo 6 de la Directiva Hábitats (incorporado en España a través del artículo 46 de la LPNB). El precepto contiene diferentes tipos de medidas a observar:[258] el primer grupo, conformado por el apartado 1, que insta a los Estados a fijar medidas de conservación necesarias y proactivas que respondan a las exigencias ecológicas de los tipos de hábitats naturales del anexo I y de las especies del anexo II presentes en el lugar; el segundo, correspondiente al apartado 2, que prevé la adopción de medidas para evitar el deterioro de hábitats y especies, con una clara función preventiva; y el tercero, recogido en los apartados 3 y 4, que formula un tercer paquete de medidas de procedimiento, entre ellas la evaluación ambiental, de aquellos planes y proyectos que pueden tener efectos adversos en una zona especial de conservación o de importancia comunitaria. Este requerimiento de llevar a cabo una adecuada EIA[259] se aplica en los siguientes casos:

a) Los lugares de importancia comunitaria (LIC) una vez clasificados formalmente por la Comisión Europea en la correspondiente decisión.[260]

b) Las zonas de especial conservación (ZEC).

c) Las zonas de especial protección para las aves (ZEPA).

---

257 Una de las novedades relevantes que introduce el Real Decreto la encontramos en el anexo III, en el que se incorpora un nuevo apartado B en el que se fijan los criterios generales para someter a evaluación ambiental simplificada aquellos proyectos que estén situados por debajo de los umbrales establecidos en el anexo II. Algunos ejemplos de proyectos afectados son los que actúan en espacios protegidos Red Natura 2000, en espacios naturales protegidos, en humedales de importancia internacional (Ramsar), en sitios naturales de la Lista del Patrimonio Mundial, en áreas o zonas protegidas de los convenios para la protección del medio ambiente marino del Atlántico del nordeste (OSPAR) o para la protección del medio marino y de la región costera del Mediterráneo (ZEPIM) y en zonas núcleo o tampón de reservas de la biosfera de la UNESCO.

258 Casado Casado, «Actividades…», cit., p. 49.

259 Como señala Apodaca Espinosa, A. R., «La evaluación ambiental adecuada exigida sobre proyectos y planes con incidencia en Espacios Red Natura 2000», Actualidad Jurídica Ambiental, núm. 102, 2, 2020, p. 360, lo previsto en los artículos 6 de la Directiva y 46 de la LPNB, la denominada evaluación adecuada, no es la misma evaluación que se exige por la conocida normativa de evaluación de impacto ambiental de proyectos o de planes, como ya ha reiterado la jurisprudencia en varias ocasiones.

260 TJUE, asunto C-258/11, de 11 de abril de 2013, Sweetman, Ireland, Attorney General, Minister for the Environment, Heritage and Local Government v. An Bord Pleanála. El Tribunal considera que «desde el momento en que un Estado miembro propone un lugar, con arreglo al artículo 4, apartado 1, de la Directiva sobre los hábitats, en la lista nacional que se remite a la Comisión, como lugar que puede clasificarse como LIC, y al menos hasta que esta última adopte una decisión al respecto, este Estado miembro está obligado a adoptar, en virtud de dicha Directiva, medidas de protección que permitan salvaguardar el citado interés ecológico» (apdo. 23).

Así las cosas, y por lo que respecta al sector minero, a la vista de las conclusiones de la evaluación de las repercusiones en el lugar, las autoridades nacionales competentes podrán aprobar la realización de un proyecto extractivo tras haberse asegurado de que no causará perjuicio a la integridad del lugar en cuestión o adoptando otro tipo de medidas acordes con el grado de impacto y, en cualquier caso, si procede, tras haberlo sometido a información pública. Huelga decir que el procedimiento para evaluar las repercusiones negativas sobre el espacio Natura 2000 y sus objetivos de conservación que exige la Directiva Hábitats se han reconducido al clásico procedimiento de EIA que hemos estado examinando, aunque, fruto de las obligaciones derivadas de la Directiva Hábitats, resulte necesaria la introducción de especificidades al procedimiento cuando el proyecto afecte a los mencionados espacios. A modo de ejemplo, la LEA, además de incluir la valoración de repercusiones sobre espacios de la Red Natura 2000 dentro de sus procedimientos de evaluación, establece que se deben identificar y valorar de forma cuantificada los efectos significativos previsibles, tal como se recoge en el apartado 8 del anexo VI de la citada ley, referente al contenido mínimo que ha de reflejar el EsIA y a la cuantificación y valoración de repercusiones de los proyectos en la Red Natura 2000. En concreto, en el citado apartado se establece que, para los proyectos que puedan afectar a espacios Red Natura 2000, la documentación deberá incorporar una sección específica, que incluirá:

a) Identificación de los espacios afectados, y para cada uno identificación de los hábitats, especies y demás objetivos de conservación afectados por el proyecto, junto con la descripción de sus requerimientos ecológicos más probablemente afectados por el proyecto y la información disponible cuantitativa, cualitativa y cartográfica descriptiva de su estado de conservación a escala del conjunto espacio.

b) Identificación, caracterización y cuantificación de los impactos del proyecto sobre el estado de conservación de los hábitats y especies por los que se ha designado el lugar, sobre el resto de los objetivos de conservación especificados en el correspondiente plan de gestión, y en su caso sobre la conectividad con otros espacios y sobre los demás elementos que otorgan particular importancia al espacio en el contexto de la Red y contribuyen a su coherencia.

c) Medidas preventivas y correctoras destinadas a mitigar los impactos, y medidas compensatorias destinadas a compensar el impacto residual, evitando con ello un deterioro neto del conjunto de variables que definen el estado de conservación en el conjunto del lugar de los hábitats o las especies afectados por el proyecto.

d) Especificidades del seguimiento de los impactos y medidas contempladas.

No obstante lo anterior, es obligado mencionar que el artículo 6.4 de la Directiva Hábitats permitiría que pudiera llevarse a cabo la ejecución del proyecto minero en cuestión pese a las conclusiones negativas de la evaluación, siempre y cuando: (i) no existieran soluciones alternativas; (ii) concurrieran razones imperiosas de interés público de primer orden, incluidas razones de índole social o económica; y (iii) se adoptaran las medidas compensatorias necesarias para garantizar la coherencia global de la Red Natura 2000, informándose puntualmente a la Comisión[261] de las medidas compensatorias que el Estado haya adoptado. Estas previsiones han dado lugar a un amplio *corpus* de sentencias dictadas por el TJUE a lo largo de los años.[262]

Como acertadamente indica CASADO CASADO,[263] «esta consolidación progresiva de los espacios naturales protegidos y de la Red Natura 2000 ha comportado una efervescencia de las tensiones entre estos espacios y las actividades mineras que se proyectan sobre los mismos, tensiones que, en muchos casos, acaban en los tribunales».[264] A lo largo de todo el trabajo, hemos ido apuntando cómo la actuación de las administraciones implica un balance de intereses en conflicto, que pretende amortiguarse en la medida en que se exige la integración de requisitos ambientales a determinadas actividades con impacto significativo en el entorno, como son las actividades extractivas. Tal ponderación es necesaria, pues, como ya hemos ido adelantando, no resulta admisible el establecimiento de prohibiciones genéricas o absolutas sobre las actividades mineras, sin estar motivadas, tal y como menciona específicamente el artículo 122 de la Ley de Minas.[265]

261 A efectos aclaratorios, *vid.* los siguientes documentos orientativos: (i) Comisión Europea. 2000. «Gestión de Espacios RN2000. Disposiciones del artículo 6 de la Directiva 92/43/CEE sobre hábitats» y (ii) Comisión Europea. 2007. «Documento orientativo sobre el apartado 4 del artículo 6 de la Directiva 92/43/CEE sobre hábitats».

262 En su sentencia en el asunto C-304/05, apartado 83, el TJUE afirmó lo siguiente: «[E]l artículo 6, apartado 4, de la Directiva 92/43 solo resulta aplicable después de que se hayan analizado las repercusiones de un plan o de un proyecto de conformidad con el artículo 6, apartado 3, de esta Directiva. En efecto, la determinación de estas repercusiones a la luz de los objetivos de conservación del lugar en cuestión constituye un requisito previo indispensable para la aplicación de dicho artículo 6, apartado 4, ya que, a falta de esta información, no cabe apreciar si se cumplen los requisitos para aplicar esta excepción. En efecto, el examen de si concurren eventualmente razones imperiosas de interés público de primer orden y de si existen alternativas menos perjudiciales requiere una ponderación con respecto a los perjuicios que el plan o proyecto considerado causen al lugar. Además, con objeto de determinar la naturaleza de eventuales medidas compensatorias, los perjuicios causados a este lugar deben ser identificados con precisión» (*vid.* también sentencias C-399/14, C-387 y 388/15, C-142/16).

263 CASADO CASADO, «Actividades…», *cit.*, p. 28.

264 El Tribunal de Justicia de la Unión Europea ha marcado una tendencia en materia medioambiental basada en un mayor reconocimiento de las medidas de conservación establecidas por los Estados miembros que aportan espacios a la Red Natura 2000 con el fin de que estas tengan un cumplimiento efectivo. Así lo sustentan sentencias paradigmáticas como la de 24 de noviembre de 2011, C-404/2009, Comisión/España, en la que el TJUE determina que «para demostrar el incumplimiento del artículo 6, apartado 2, de la Directiva de Hábitats, la Comisión no tiene que probar la existencia de una relación de causalidad entre una explotación minera y una perturbación significativa para el urogallo. Habida cuenta de que el apartado 2 del artículo 6 tiene por objeto garantizar el mismo nivel de protección, basta con que la Comisión demuestre la existencia de una probabilidad o un riesgo de que dicha explotación minera ocasione alteraciones significativas para la especie».

265 Esta cuestión ya es jurisprudencia asentada. Ya en la Sentencia del TS de 21 de octubre de 1983 se estableció que «respecto a la conservación del medio ambiente, es por supuesto alegación insuficiente por sí sola para anular una concesión de explotación minera, puesto que la propia naturaleza de este tipo de trabajos necesariamente ha de

El grado de las limitaciones aplicables a una nueva actividad minera o a la modificación de una existente variará en función del espacio natural protegido de que se trate (parques, reservas naturales, áreas marinas protegidas, monumentos naturales o paisajes protegidos), basculando entre la prohibición absoluta del desarrollo de actividades extractivas (por ejemplo, en un parque nacional)[266] y la escasa existencia de restricciones a las actividades económicas en ciertos espacios protegidos, con el régimen singular, que hemos examinado, aplicable a los espacios que integran la Red Natura 2000.[267]

---

implicar una alteración ecológica y modificación del entorno donde está situada la mina, cuya concesión cumple también las miras sociales de las necesidades colectivas satisfechas con la extracción del mineral, y el precepto constitucional consagrado en su artículo 45 no es un precepto prohibitivo de estas actividades, sino un mandato dirigido a los poderes públicos para que velen "por la utilización racional de todos los recursos naturales", armonizar su disfrute y defender y restaurar el medio ambiente; de ahí que quepa dentro de esa utilización racional una explotación de minería, a la que sólo cabrá exigir la observancia de las normas tendentes a atenuar o aminorar la inevitable alteración de la naturaleza, a realizar los trabajos conforme a la *lex artis*, y en el caso que nos ocupa, además de la inspección realizada por el organismo administrativo competente y el control de los planes de trabajo, el informe pericial emitido en autos es acreditativo de que la explotación de la concesión se realiza de una forma correcta desde el punto de vista minero» (CA 2).

266 La Ley 30/2014, de 3 de diciembre, de Parques Nacionales, considera incompatible la declaración de parque nacional con la existencia de «explotaciones y extracciones mineras, de hidrocarburos, áridos y canteras» (art. 7.3 c).

267 Casado Casado, «Actividades…», *cit.*, p. 38.

Conclusiones

Una vez concluida esta aproximación al procedimiento de evaluación ambiental en actividades mineras, se han extraído las conclusiones que se exponen a continuación, sin perjuicio de las que ya se han adelantado en el cuerpo del trabajo.

Primera. El impacto de la producción minero-metalúrgica en el medio ambiente no es desdeñable. Todo tipo de minería, además de traer aparejadas consecuencias sociales para las comunidades que habitan cerca de los espacios extractivos, produce agresiones al entorno natural, que se tornan especialmente notables en el caso de la minería de superficie: contaminación del aire, del suelo y de las aguas, transformación del paisaje y generación de residuos tóxicos. Sin embargo, no puede obviarse la importancia que, para la economía a nivel mundial, tiene la industria extractiva por cuanto los minerales constituyen la base de la mayoría de sectores industriales y representan el motor de desarrollo económico de muchos Estados. Por ello, no es posible hablar de minería sin referirnos al clásico conflicto desarrollo-medio ambiente que enfrenta la postura tradicional de crecimiento económico ilimitado con las inquietudes de protección del medio ambiente surgidas en la década de los años setenta y que llevan a posturas en favor de la prohibición de la actividad. Traer a colación, en este escenario, el debate sobre si es posible un desarrollo ambientalmente sostenible dentro de los actuales modelos económicos es necesario y representa actualmente uno de los mayores desafíos que ha de afrontar la minería para contribuir al proceso de reducción de emisiones de carbono y conseguir el objetivo de neutralidad climática marcado por la Ley 7/2021, de 20 de mayo, de cambio climático y transición energética.

Segunda. A nivel histórico, la protección del medio ambiente no ha sido una prioridad de las autoridades a la hora de legislar en materia minera, sino que su principal objetivo, en cambio, ha sido el fomento de la extracción de materias primas del subsuelo. Si bien ciertos recursos naturales han podido ser defendidos y protegidos en algún momento de la historia por nuestro ordenamiento jurídico, lo cierto es que ello ha obedecido a motivos de otra índole, como la falta de salubridad de las ciudades, la higiene, la preocupación por la salud humana o la necesidad de facilitar un mejor aprovechamiento de otros recursos. Tanto es así que la actual Ley de Minas de 1973, de herencia franquista, todavía potencia (a pesar de sus reformas) la obtención y el beneficio de recursos mineros, teniendo apenas en cuenta los costes ambientales de la actividad y conteniendo en su articulado escasas referencias a la preservación del medio ambiente, aspecto totalmente criticable.

Tercera. En este contexto de ponderación de intereses aparentemente contrapuestos como son, por un lado, el desarrollo de la actividad extractiva y, por otro, la preservación de espacios naturales, encuentra plena justificación la existencia de mecanismos y técnicas de protección ambiental aplicables a los proyectos mineros, aprobados tanto por normativa estatal como autonómica, como son los planes de restauración, la evaluación de impacto ambiental de proyectos o la exigencia de una adecuada evaluación ambiental de proyectos mineros ubicados en espacios que forman parte de la Red Natura 2000. Cabe mencionar que, a lo largo de la exposición, se ha hecho hincapié en la importante contribución que la jurisprudencia del TJUE y, a nivel nacional, del TS y del TC ha tenido a la hora de clarificar e interpretar el acervo comunitario relativo a la evaluación de impacto ambiental.

Cuarta. Cabe resaltar la importancia de la EIA como la fórmula más adecuada para garantizar la protección de los intereses ambientales frente a la actividad minera debido a diferentes razones. En primer lugar, por su carácter preventivo, que deriva de la observancia del principio de prevención y cautela, consagrado en el artículo 191.2 del Tratado de Funcionamiento de la Unión Europea, y que obliga a tener presente, en los estudios de impacto ambiental, el establecimiento de medidas preventivas, correctoras o compensatorias de daños ambientales, así como las alternativas menos desfavorables en cada proyecto; en segundo lugar, porque el procedimiento administrativo obliga a la Administración a estimar las consecuencias de un proyecto a los solos efectos ambientales y a pronunciarse en consecuencia acerca de este, favorable o desfavorablemente, poniendo en una misma balanza el interés particular o público y los impactos que este puede tener sobre el medio ambiente, incluso en el peor de los escenarios; y, en último término, porque, gracias a las contribuciones del Convenio de Aarhus, se tiene en cuenta en la toma de decisión del procedimiento tanto la opinión pública como la de las administraciones públicas afectadas y la de las personas interesadas, sin comprometer, por ello, la competencia de la autoridad competente.

Quinta. Como hemos señalado, la Administración dispone de un amplio margen de apreciación en los procedimientos de EIA en la determinación del ámbito material del procedimiento de evaluación de impacto ambiental, en la fijación del contenido del EsIA y en la resolución del órgano superior de gobierno en casos de discrepancia entre la autoridad ambiental y la sustantiva, la cual, pese al control jurisdiccional al que está sujeta, opera en detrimento de la seguridad jurídica, en forma de confianza legítima. Cabría plantearse si, ante esta suerte de discrecionalidad en el *iter* evaluador, la colaboración a través de un reglamento de carácter técnico no sería oportuna, pese a que la LEA afirme en su preámbulo que «el desarrollo reglamentario de la ley no resulta imprescindible».

Sexta. Otro aspecto criticable de la evaluación de impacto ambiental, relacionado con el anterior, es la discrecionalidad política, en este caso a través del sometimiento de determinados proyectos a EIA según determinados intereses políticos o económicos del momento, al margen de criterios ambientales, con la inseguridad jurídica que ello comporta. Prueba de ello es la publicación del Real Decreto-ley 20/2022, de 27 de diciembre, de medidas de respuesta a las consecuencias económicas y sociales de la Guerra de Ucrania y de apoyo a la reconstrucción de la isla de La Palma y a otras situaciones de vulnerabilidad, que, flexibilizando el procedimiento de evaluación ambiental, establece un trámite de determinación de afectación ambiental, con carácter excepcional y transitorio, para determinados proyectos de instalaciones de generación a partir de fuentes de energía renovables respecto de los cuales los promotores presenten una solicitud de autorización administrativa, salvo que su ubicación se encuentre en superficies integrantes de la Red Natura 2000, en espacios naturales protegidos o en el medio marino.[268]

---

268 *Vid.* Nota de prensa de la Asociación Española de Evaluación de Impacto Ambiental (enero 2023). Disponible en: https://www.eia.es/wp-content/uploads/2023/01/2023012_AEEIA_NOTA-DE-PRENSA-RDL-20-2022. pdf. Última consulta 5 de marzo de 2024.

Bibliografía

AGUDO GONZÁLEZ, J., «Nivel elevado de protección, ponderación y prevalencia de los intereses ambientales. Estudio jurisprudencial», *Revista de derecho urbanístico y medio ambiente*, núm. 201-202, 2003.

ALBERTI, E., «El blindaje de las competencias y la reforma estatutaria», *Revista catalana de dret públic*, núm. 31, 2005.

ALMAGRO VIDAL, C., «"Hombre rico, hombre pobre": sobre las condiciones de la minería en el paso de la Edad Media a la Moderna en Castilla», *Espacio Tiempo y Forma*, Serie III, Historia Medieval, núm. 23, 2010.

ALMUEDO PALMA, J., «La primera normativa legal española sobre los efectos medioambientales de la industrialización en las ciudades», *Ería: Revista cuatrimestral de geografía*, núm. 56, 2001.

ÁLVAREZ CARREÑO, A. M., «Instrumentos jurídicos transversales de tutela ambiental de la actividad minera: la evaluación de impacto ambiental», en FERNÁNDEZ SCAGLIUSI, M. A. (coord.) y MONTOYA MARTÍN, E. (dir.), *Minería y medio ambiente en el siglo XXI. Una visión global y de derecho comparado*, Aranzadi Thomson Reuters, Madrid, 2021.

APODACA ESPINOSA, A. R., «La evaluación ambiental adecuada exigida sobre proyectos y planes con incidencia en Espacios Red Natura 2000», *Actualidad Jurídica Ambiental*, núm. 102, 2, 2020.

ARAGÓN REYES, M., «La construcción del Estado autonómico», *Cuadernos Constitucionales de la Cátedra Fadrique Furió Ceriol*, núm. 54/55, 2006.

BLANCO, M. D., «Los sucesos de Riotinto de 1888 según los directores de la Rio Tinto Company Limited», *Revista de historia industrial*, núm. 14, 1998.

BORN, C. H., «El juez europeo y la Directiva de impacto ambiental», en GARCÍA URETA, A. M. (coord.), *La directiva de la Unión Europea de evaluación de impacto ambiental de proyectos: balance de treinta años*, Marcial Pons, Madrid, 2016.

Bruna Vargas, A., *Evolución histórica del dominio del estado en materia minera*, Editorial Jurídica de Chile, 1971.

Calderón Berrocal, M. C., «La industria minera. Historia, Recursos humanos, Fuentes Documentales y Prevención de Riesgos Laborales», *Tabularium Edit*, vol. 2, núm. 7, 2020.

Canosa Usera, R., «¿Existe un verdadero derecho constitucional a disfrutar del medio ambiente?», *Anuario de Derechos Humanos. Nueva Época*, vol. 7, t. 1, 2006.

Casado Casado, L., «Actividades extractivas y espacios naturales protegidos: la red Natura 2000», en Montoya Martín, E. (dir.), *Minería extractiva, planificación territorial y urbanismo*, Tirant lo Blanch, 2020.

— «La evaluación de impacto ambiental de los proyectos mineros: a propósito de la articulación del plan de restauración con la declaración de impacto ambiental», *Actualidad Jurídica Ambiental*, núm. 102, 2020.

— «Novedades en el régimen de prevención y control de actividades en Cataluña: Retroceso en la protección del Medio ambiente versus promoción de la actividad económica», *Revista Catalana de Dret Ambiental*, núm. 1, 2012.

Collier, P., «Economic Causes of Civil Conflict and Their Implications for Policy». *Economics of Crime and Violence Paper*, World Bank, Washington DC, 2000.

Cubero Marcos, J. I., «La obtención de gas esquisto mediante fracturación hidráulica (*fracking*): un análisis coste-beneficio para un tratamiento regulatorio adecuado», *Revista Aragonesa de Administración Pública*, 2012.

De Arcenegui Fernández, I. E., «El nuevo derecho de minas», *Revista de Administración Pública*, núm. 78, 1975.

— *Derecho minero*, Civitas Ediciones, Madrid, 2002, 1.ª edición.

— «La protección del medio ambiente a la luz de la legislación minera del Estado y de la Ley 12/81, de 24 de diciembre, de la Generalidad de Cataluña», *Revista de Administración Pública*, núm. 100-102, enero-diciembre 1983.

De La Varga Pastor, A., «Análisis jurídico de la Ley 21/2013, de 9 de diciembre, de evaluación ambiental y de las competencias autonómicas en materia de EIA de proyectos», *Revista d'estudis autonòmics i federals*, núm. 25, 2017.

De Vicente Domingo, R., «La extensión a las evaluaciones de impacto ambiental de la doctrina jurisprudencial sobre el control de la discrecionalidad técnica de los tribunales calificadores de pruebas selectivas para el acceso al empleo público», *Actualidad Jurídica Ambiental*, núm. 102/2, 2020.

Dios Viéitez, M., «Recursos mineros y ordenación del territorio», *REGAP, Revista Galega de Administración Pública*, núm. 44, 2012.

Escribano Bombín, M., *Los espacios mineros abandonados. El caso de la comunidad de Madrid*, tesis doctoral, Universidad Politécnica de Madrid, 2016.

Fernández-Espinar López, L. C., «La evaluación de las repercusiones de los proyectos de parques eólicos en los espacios de la red europea Natura 2000: criterios jurídicos para la adecuada interpretación de la normativa a la luz de la reciente jurisprudencia», *Actualidad Jurídica Ambiental*, núm. 99, 2020.

— «El conflicto de intereses entre el medio ambiente y el desarrollo del sector económico minero», *Revista de Administración Pública*, núm. 111, 1986.

— «Las actividades extractivas: sector crítico estratégico del nuevo modelo energético», *Actualidad Jurídica Ambiental*, núm. 121, 2022.

Folchi, M., «Los efectos ambientales del beneficio de minerales metálicos: un marco de análisis para la historia ambiental», *Varia Historia*, núm. 33, 2005.

Franciskovic, M., «Sistemas de dominio originario de los yacimientos», *Vox Juris*, 2015.

García Álvarez, G., «Jurisprudencia contencioso-administrativa: el caso Aznalcóllar», en López Ramón, F. (coord.), *Observatorio de políticas ambientales 2012*, Thomson-Reuters Aranzadi, Navarra, 2012.

García Rubio, F., «Concesiones mineras y ordenación urbanística», *Cuadernos de derecho local*, 2019.

García Ureta, A., «Un comentario sobre la Ley 9/2018, de reforma de la Ley 21/2013, de evaluación ambiental», *Actualidad Jurídica Ambiental*, núm. 87, 2019.

— «Comentarios sobre la Ley 21/2013, de evaluación ambiental», *Revista de Administración Pública*, núm. 194, 2014.

Garmendia, A., Salvador, A., Crespo, C. y Garmendia, L., *Evaluación de impacto ambiental*, Pearson Educación, Madrid, 2005.

Garrido Falla, F., «El desarrollo de las normas básicas y leyes marco estatales por las Comunidades Autónomas», *Revista de Administración Pública*, núm. 94, 1981.

Gay Barbosa, D. y González, C., «Conceptos de derecho minero», *Serie Materiales de Investigación*, Universidad Blas Pascal, núm. 6, 2014.

Gutiérrez Guardia, C. A., «La propiedad minera», *Revista del Instituto de Investigaciones FIGMMG*, vol. 13, núm. 25, 2010.

Herrera Herbert, J., *El abastecimiento de materias primas. Vol. I: Características y tendencias evolutivas*, Universidad Politécnica de Madrid, 2017.

— *Introducción a la Minería. Vol. I: Conceptos, tecnologías y procesos*, Universidad Politécnica de Madrid, 2.ª ed., 2017.

Hummel, R.E., *Understanding Materials Science*, Springer-Verlag, N.Y., 1998.

Jaria i Manzano, J., «Constitución, desarrollo y medio ambiente en un contexto de crisis», *Revista Catalana de Dret Ambiental*, vol. VIII, núm. 1, 2017.

Jaria Manzano, J. y Vernet Llobet, J., «El derecho a un medio ambiente sano: su reconocimiento en el constitucionalismo comparado y en el derecho internacional», *Teoría y Realidad Constitucional*, UNED, núm. 20, 2007.

Jordano Fraga, J., «El Derecho a disfrutar de un Medio Ambiente adecuado», *Revista electrónica de Derecho Ambiental*, Universidad de Sevilla, 2002.

Junceda Moreno, J., «Arbitraje, actividades extractivas y normativa internacional ambiental: el caso del Amazonas», en Savaris, J.A. y Strapazzon, C.L. (coord.), *Direitos fundamentais da pessoa humana: um diálogo latinoamericano*, 2012.

— «Los residuos mineros. Disciplina extractiva y ambiental a la luz del derecho histórico, régimen vigente y experiencias», *Revista de derecho urbanístico y medio ambiente*, 2004.

Kubica, M. L., *El riesgo y la responsabilidad objetiva*, tesis doctoral, Universidad de Girona, 2015.

López, F., «La vida o el mineral. Los cuatro ciclos del despojo minero en México», *Andamios: revista de investigación social*, núm. 38, septiembre-diciembre, 2018.

López Menudo, F., «El derecho a la protección del medio ambiente», *Revista del Centro de Estudios Constitucionales*, núm. 10, septiembre-diciembre 1991.

López Pérez, F., «Ejecución de planes y proyectos en red Natura 2000. El artículo 6 de la Directiva de Hábitats y las medidas compensatorias», *Revista Aragonesa de Administración Pública*, 2022.

— «El medio ambiente en la Constitución Española», *Ambienta: La revista del Ministerio de Medio Ambiente*, 2015.

López Ramón, F., *Sistema jurídico de los bienes públicos*, Civitas Thomson-Reuters, Pamplona, 2012.

Marín Enríquez, O. E., «Los Bancos de Conservación en España y su estado actual», *Actualidad Jurídica Ambiental*, núm. 111, 2021.

Martín Mateo, R., *Manual de derecho Ambiental*, vol. I, Trivium, Madrid, 1995.

Martínez Molina, M., «Legislación minera colonial en tiempos de Felipe II», en Morales Padrón, F. (coord.), XIII Coloquio de Historia Canario-Americana; VIII Congreso Internacional de Historia de América (AEA), 2000.

Martínez Ruiz, C., Fernández Santos, M. B. y Gómez Gutiérrez, J. M., «Evaluación de impacto ambiental aplicada a las obras de infraestructura vial y minería a cielo abierto, en la Unión Europea, España y La Rioja», *Zubía*, núm. 8, 1996.

Montero, I. y Murillo-Barroso, M., «Los inicios de la metalurgia y el valor social del metal», *Revista de Prehistoria de Andalucía*, núm. 7, 2016.

Moreno Molina, A. M., «Capítulo 31: El control de la actividad minera desde el derecho urbanístico», en Fernández Ruiz, J. y Pérez Gálvez, J. F. (dirs.),

Homenaje de Aida al Profesor D. Jesús González Pérez, Tirant lo Blanch, Valencia, 2019.

Moreu Carbonell, E., «Desmitificación, privatización y globalización de los bienes públicos: del dominio público a las obligaciones de dominio público», *Revista de Administración Pública*, 161, 2003.

Pachón Mahecha, C. T., *Minería sostenible: el reto colombiano*, trabajo de especialización en Gerencia de Comercio Internacional, Universidad M. Nueva Granada, 2014.

Pardo Buendía, M., «La evaluación del impacto ambiental», *Revista de la Facultad de Ciencias Humanas y Sociales de la Universidad Pública de Navarra*, núm. 1, 1994.

Parejo Bueno, C. y Parejo Coleto, J., «Minería metálica en el mundo. El caso particular de Extremadura», en *La agricultura y la ganadería extremeñas*, Caja Badajoz, 2012.

Pérez De Perceval Verde., M. A., López-Morell, M. A. y Sánchez Rodríguez, A., *Minería y desarrollo económico en España*, Editorial Síntesis, 2006.

Pérez Martos, J., «Veinte años de jurisprudencia constitucional sobre medio ambiente», *Revista de estudios de la administración local*, núm. 286-287, 2001.

— «Ordenación minera y medio ambiente. La intervención preventiva de las administraciones públicas en la explotación y aprovechamiento de los recursos de la Sección A) de la Ley de Minas», *Revista de Derecho Urbanístico y Medio Ambiente*, núm. 175, 2000.

Quintana López, T., «La alteración física del medio, movimientos de tierras y actividades extractivas», *Derecho del Medio Ambiente y Administración Local*, 2006.

Ramírez Sánchez-Maroto, C., «Minería y medio ambiente: las prohibiciones o limitaciones de las actividades mineras en los espacios naturales protegidos», *Actualidad Jurídica Ambiental*, núm. 76, 5 de febrero de 2018.

— «Evolución histórica de la protección ambiental en la minería en España», *Áreas. Revista Internacional de Ciencias Sociales*, núm. 38, 2019.

Ramos Medrano, J. A., «La prohibición de actividades mineras en la ordenación territorial y urbanística, a la luz de la jurisprudencia», *Actualidad Jurídica Ambiental*, núm. 62, 14 de noviembre de 2016.

Renau Faubell, F., «Tratamiento urbanístico de las actividades mineras», *Revista de Derecho Urbanístico y Medio Ambiente*, núm. 219, 2005.

Rivero Ysern, J. L. y Montoya Martín, E., «Una nueva oportunidad para la minería metálica: la reapertura de la mina de Aznalcóllar en Sevilla», *Revista Andaluza de Administración Pública*, núm. 91, 2015.

Robles Osorio, M. L. y Sabath Silva, E. F., «Breve historia de la intoxicación por plomo: de la cultura egipcia al Renacimiento», *Revista de investigación clínica*, vol. 66, núm. 1, 2014.

Rodríguez Ennes, L., «La recepción del régimen jurídico de la minería romana en España e Iberoamérica», en García Sánchez, J. (coord.), *Fundamentos romanísticos del derecho contemporáneo, Derecho Romano*, vol. 5, AIDROM Asociación Iberoamericana de Derecho Romano, 2021.

Rodríguez, R., Oldecop, L. y Salvadó, V., «Los grandes desastres medioambientales producidos por la actividad minero-metalúrgica a nivel mundial: causas y consecuencias ecológicas y sociales», *Revista del Instituto de Investigaciones FIGMMG*, núm. 24, 2009.

Rosa Moreno, J., «La evaluación de impacto ambiental. Intervención de los entes locales», en Esteve Pardo, J. (coord.), *Derecho del Medio Ambiente y Administración Local*, Civitas Ediciones, Madrid, 1995.

Rucquuoi, A., «La ecología, ¿un problema medieval?», *Tiempo de historia*, año V, núm. 54, 1979.

Ruiz-Pino, S., «Algunos precedentes históricos de protección o defensa de los recursos naturales y de la *salubritas* en Roma. Hacia un derecho administrativo medioambiental romano», *Revista digital de Derecho Administrativo*, núm. 17, 2017.

Ruiz-Rico Ruiz, G., *El derecho constitucional al medio ambiente*, Tirant lo Blanch, Valencia, 2000.

Sánchez Gómez, J., *De minería, metalurgia y comercio de metales*, Estudios Históricos y Geográficos, 1989.

Sánchez Picón, A., «Expansión minera y reforma liberal. Peculiaridades de un cambio institucional en la España del siglo xix», *Áreas. Revista Internacional de Ciencias Sociales*, núm. 37, 2018.

Sánchez Sáez, A. J., «Un enfoque teleológico de la distribución de las competencias ambientales entre el Estado y las Comunidades Autónomas en España», *Revista Aranzadi de Derecho Ambiental*, núm. 5, 2004.

Sánchez Salinas, E. y Ortiz Hernández, L., «Escenarios ambientales y sociales de la minería a cielo abierto», *Inventio, la génesis de la cultura universitaria en Morelos*, núm. 20, 2014.

Santamaría Arinas, R. J., «Evaluando al evaluador: razones técnicas, jurídicas y políticas en la evaluación de impacto ambiental de proyectos», en García Ureta, A. M. (coord.), *La directiva de la Unión Europea de evaluación de impacto ambiental de proyectos: balance de treinta años*, Marcial Pons, Madrid, 2016.

Solano Oyarce, E., *Propuesta de un clúster minero para impulsar el desarrollo sostenible: un enfoque interdisciplinario*, tesis doctoral, Universidad Nacional Mayor de San Marcos, 2012.

Terrón Santos, D., «Comentarios a la Ley 22/1973, de 21 de julio, de Minas», *E-Derecho Administrativo*, núm. 6, 2002.

Toribio Jiménez, J., *Régimen jurídico de la restauración ambiental en las actividades mineras*, tesis doctoral, Universidad de Sevilla, 2015.

Uribe herrera, A., *Manual de Derecho de Minería*, Editorial Jurídica de Chile, Santiago de Chile, 1968.

Vega, R., «Colombia y geopolítica hoy», *AGO.USB Medellín-Colombia*, v. 12, núm. 2, 2012.

Vela-Arrieta, T., *Vinculación de dominio de los recursos minerales en el Perú*, tesis doctoral, Universidad de Piura, Facultad de Derecho, Perú, 2017.

Vergara Blanco, A., «El problema de la naturaleza jurídica de la riqueza mineral», *Revista de Administración Pública*, núm. 173, Madrid, mayo-agosto 2007.

Vildósola Fuenzalida, J., *El dominio minero y el sistema concesional en América Latina y el Caribe*, CEPAL, NNUU, Caracas, Edición Latina, 1999.

Villas Tinoco, S. L., «La primera Revolución Industrial», *Boletín de la Academia Malagueña de Ciencias*, núm. 14, 2012.

Wirth, E., «La maldición de los recursos naturales y los hidrocarburos: una revisión de literatura», *Papeles de Europa*, Universidad Complutense de Madrid, Facultad de Ciencias Económicas y Empresariales, Instituto Complutense de Estudios Internacionales, vol. 31, núm. 1, junio 2018.

Zambrana Moral, P., «La protección de las aguas frente a la contaminación y otros aspectos medioambientales en el Derecho romano y en el Derecho castellano medieval», *Revista de Derecho (Valparaiso)*, núm. XXXVII, 2011.

— «Historia del derecho medioambiental: La tutela de las aguas en las fuentes jurídicas castellanas de la edad moderna», *Revista de estudios históricos jurídicos*, núm. 34, 2012.

Webgrafía

Asociación Española de Evaluación de Impacto Ambiental. Nota de prensa. Disponible en: <https://www.eia.es/wp-content/uploads/2023/01/2023012_AEEIA_NOTA-DE-PRENSA-RDL-20-2022.pdf>. Última consulta el 5 de marzo de 2024.

EUR- Lex: <https://eur-lex.europa.eu/legal-content/ES/TXT/HTML/?uri=CELEX:52020DC0474&from=EN>, última consulta el 1 de agosto de 2023.

Ministerio para la Transición Ecológica y el Reto Demográfico. Secretaría de Estado de Energía. <https://energia.gob.es/mineria/Paginas/Index.aspx>, última consulta, 1 de agosto de 2023.

The world Bank: <https://data.worldbank.org/indicator/NY.GDP.MINR.RT.ZS>, fecha de última consulta, 1 de agosto de 2023.